I0269934

EL
REINO
DE
DIOS
EL BIEN SUPREMO

Prologo por Israel Guerrero Leiva

Herman Bavinck (1854–1921)

El Reino de Dios
Copyright © Monte Alto Editorial, 2021,
publicado con permiso en Norteamérica y Europa por Cántaro Publications, una imprenta del Cántaro Institute, Jordan Station, ON. L0R 1S0, Canada
www.cantaroinstitute.org/es

El Cántaro Institute es una organización cristiana evangélica confesional, la cual busca recuperar las riquezas del protestantismo español para la renovación y edificación de la Iglesia contemporánea y promover la filosofía cristiana de la vida para la reforma religiosa del Occidente y el mundo iberoaméricano.

Diseño del libro: David Studios Co.

Todos los derechos reservados. Ninguna parte de esta publicación puede ser reproducida, almacenada en un sistema de recuperación o transmitida en forma alguna por ningún medio, ya sea electrónico, mecánico, fotocopiado, grabado o de otro tipo, sin el permiso previo del editor.

Primera impresión 2021 en Colombia (tapa blanda) y Canada (tapa dura)

Library & Archives Canada
ISBN: 978-1-7776633-9-1

Printed in the United States of America

TABLA DE CONTENIDO

Proyecto Herman Bavinck 7
Prólogo 11

Introducción 27

Capítulo 1 37
La esencia del Reino de Dios

Capítulo 2 51
El Reino de Dios y el individuo

Capítulo 3 61
El Reino de Dios y la comunidad
(Familia, estado, iglesia, cultura)

Capítulo 4 75
La culminación del Reino de Dios

PROYECTO
HERMAN BAVINCK

En 1676 Isaac Newton le escribió a Robert Hooke: *"Si he visto más lejos es por estar de pie sobre los hombros de gigantes."* La iglesia cristiana a lo largo del tiempo ha procurado mirar hacia los teólogos del pasado y repasar sus pensamientos. Siglo tras siglo los cristianos han republicado las mejores obras de siglos anteriores y de esta manera han dado a conocer el pensamiento de maestros y eruditos de la Iglesia a las nuevas generaciones.

Esto lo podemos ver claramente al publicarse las obras de John Owen (1616-1683) por parte de William H. Goold (1815-1897) o cuando Franciscus Junius (1545-1602) y Gisbertus Voetius (1589-1676) se republicaron por Abraham Kuyper (1837-1920). Vivimos en tiempos preciosos, la tecnología, las nuevas formas de comunicación y el comercio electrónico han creado oportunidades únicas para la publicación y extensión de obras importantes del pasado, como también de obras teológicas valiosas de autores contemporáneos, todo esto bajo la bendita providencia de nuestro Señor.

Por lo tanto, mientras oramos como equipo editorial al Señor acerca de nuestro papel dentro de la Iglesia de habla hispana en un mediano y largo plazo, hemos decidido comprometernos en la publicación de las obras de uno de los más importantes teólogos de finales del siglo XIX y principios del siglo XX: el holandés Herman Bavinck (1854-1921).

Nos complace anunciarles el *Proyecto Herman Bavinck* de Monte Alto Editorial, en el que publicaremos las propias obras del autor, así como, obras en las que se analiza su teología, entre otros. Entre las obras que nos hemos propuesto publicar está su obra más conocida la Dogmática Reformada, y otros más.[1]

Adicional a esto, hemos realizado algunas colaboraciones con hermanos que trabajan con nosotros y algunas instituciones lo cual permitirá que algunos libros publicados se puedan descargar de manera gratuita. ¡Gloria a Dios por ello! *El Reino de Dios: El Bien Supremo* es uno de estos últimos. Por sí mismo, consiste en un solo capítulo de un libro donde se recopilaron los primeros escritos de Herman Bavinck editados por C.B. Bavinck en 1922 cuyo nombre es *Kennis en Leven* que se puede traducir como *Conocimiento y Vida*.

Para lograr que este libro se pueda descargar y compartir gratuitamente debo de dar gracias a muchas personas que están trabajando en la Editorial. Gracias al equipo base y nuestras familias que son incansables, gracias a los traductores y editores que trabajan como para el Señor y muchas gracias a todas las demás personas que colaboran como voluntarios de una u otra manera con nosotros en diferentes proyectos, su deseo por que la Iglesia hispana

---

[1] Este escrito fue tomado, editado y extendido a partir del articulo Herman Bavinck: Una explicación del proyecto en el blog de la página web: www.montealtoeditorial.com.

sea edificada es una continua alegría para mí. Hablando en nombre del equipo editorial queremos agradecer especialmente en este libro a Israel Guerrero que amablemente escribió el prologo y acepto la invitación a participar aun cuando no sabíamos cual libro traduciríamos. También agradecemos la labor de Melisa Urbina quien realizo correcciones al texto e hizo de este un mejor libro.

Por último, quisiera agradecer a todos los que apoyan nuestra editorial. Tanto distribuidores como quienes compran nuestros libros. Sin ustedes no sería posible realizar este proyecto.

Por esta ocasión, aunque los derechos de esta traducción al español nos pertenecen, nos complace pedirte que compartas este libro con todos los que quieras. Y si lo que deseas es tenerlo en su formato físico, también puedes adquirirlo mediante todas las distribuidoras en los países donde ya estamos presentes en LATAM. En América del Norte y Europa, ahora tenemos una asociación de distribución con el Cántaro Institute.

Para terminar, dedicamos este esfuerzo, trabajo y horas de no sueño al único Rey que merece toda la gloria y la alabanza, nuestro Señor Jesucristo. Quien como dijo Abraham Kuyper en cierta ocasión y así también lo creemos, *"No hay un centímetro cuadrado en todo el dominio de nuestra existencia humana sobre el cual Cristo, como Soberano sobre todo, no clame ¡mío!"*[2]

ANDRÉS D. VALENCIA
Santiago de Cali, Colombia
5 de octubre de 2021

---

[2] Soberanía de las esferas: Discurso en la inauguración de la Universidad Libre de Ámsterdam celebrada el 20 de octubre de 1880 en el presbiterio de la Nieuwe Kerk en Amsterdam, pag. 32.

PROLOGO
Por Israel Guerrero

El joven Herman Bavinck y el Reino de Dios

Dios ama a su Iglesia. A tal punto Dios ama a su pueblo, que envió a su Hijo a vivir, morir y resucitar por su novia. Y no sólo eso, sino que también envió a su Espíritu Santo para aplicar todas las bendiciones del pacto que se encuentran en el libro del pacto, la Biblia. Es el Espíritu Santo, aquel que infaliblemente inspiró las Santas Escrituras, quien aplica a lo más profundo de nuestro corazón la realidad del pacto de gracia. Ese pacto expresa la potente y dulce voz del Dios trino que dice: «Yo soy vuestro Dios, y ustedes son mi pueblo». En base a ese determinado tipo de relación, los creyentes pueden decir, «Dios, y solamente Dios, es el bien supremo del hombre».

En 1909, un profesor de 45 años publicó un tratado teológico titulado Magnalia Dei.[1] Este libro comienza con la frase anteriormente citada. Ese profesor fue Herman Bavinck (1854-1921), quien a los 26 años se dirigió a un grupo de estudiantes del Seminario Teológico de Kampen para exponer sobre «El Reino de Dios, el Bien

---

[1] Es decir, «las maravillosas obras de Dios». Publicado al español bajo el nombre de *Nuestro Dios Maravilloso. Una teología sistemática* (Salem Oregón: Publicaciones Kerigma, 2020).

Supremo». Hoy, después de 140 años —y gracias a los esfuerzos de Monte Alto Editorial— tenemos este ensayo que sin duda alguna será de un gran beneficio para la iglesia cristiana reformada en Latinoamérica y España. Pero ¿quién fue Herman Bavinck? y, ¿por qué deberíamos estudiar su legado teológico?

Herman Bavinck nació en 1854 en el pueblo de Hoogeveen, Holanda.[2] Hijo de Jan Bavinck, un pastor de la Iglesia Cristiana Reformada (Christelijke Gereformeerde Kerk), cuyos orígenes eclesiásticos y teológicos se remontan a la Secesión de 1834 (Afscheiding). Entender un poco de la historia de la iglesia holandesa nos permitirá comprender y apreciar en mayor profundidad este ensayo de Herman Bavinck. A comienzos del siglo XIX, la teología protestante holandesa se vio influenciada por el espíritu de la Ilustración y Revolución, trayendo como consecuencia una oposición a las clásicas doctrinas de la ortodoxia cristiana, como, por ejemplo, la doctrina de la trinidad y la doble naturaleza (humana y divina) de Cristo. No sólo la ortodoxia cristiana fue atacada, sino también la ortodoxia reformada fue desplazada, reflejándose en el olvido de la doctrina y piedad enseñada en los Cánones de Dort (1618-19) y Catecismo de Heidelberg, por ejemplo. Lamentablemente, la predicación cristiana reformada fue reemplazada por predicaciones moralistas, reflejándose en dichos como *"Niet de leer, maar het le-*

---

[2] La primera parte de este artículo fue publicado para BITE, donde utilicé la siguiente bibliografía: James Eglinton, *Bavinck: A Critical Biography* (Grand Rapids: Baker Academic, 2020) y *Trinity and Organism. Towards a New Reading of Herman Bavinck's Organic Motif* (London; Bloomsbury T&T Clark, 2012) Herman Bavinck, *Reformed Dogmatics* (Grand Rapids: Baker Academic, 2003-2008); *Christian Worldview* (Wheaton: Crossway, 2019); "Het Calvinisme in Nederland en zijne toekomst" en *Tijdschrift voor Gereformeerde Theologie 3* (1896): 129–63 y "The Kingdom of God, The Highest Good." Translated by Nelson D. Kloosterman en The Bavinck Review 2 (2011): 133–70. Agradezco al Dr. Cory Brock y también al Dr. Nathaniel Gray Sutanto por las conversaciones y sugerencias para esta introducción.

ven... niet de leer maar de Heer". Es decir, "No a la doctrina, pero sí a la vida... no a la doctrina, pero sí al Señor".

Frente a este panorama, y ante la intervención del Estado en asuntos eclesiásticos, se levantan algunos hombres que se contraponen a los principios revolucionarios. Esta oposición se fundamentó en el inquebrantable compromiso con la Palabra de Dios y con los estándares confesionales reformados. Fue en este contexto donde Jan Bavinck experimenta su conversión, educando posteriormente a su hijo Herman en un ambiente familiar nutrido tanto por la herencia calvinista experiencial de los viejos teólogos reformados holandeses, como también, por un aprecio con respecto a los desarrollos científicos y sociales de la modernidad.

La educación de Herman Bavinck es un aspecto que no debe ser descuidado a la hora de estudiar su pensamiento. Si bien luego de terminar su educación secundaria él se inscribe como estudiante en la Escuela Teológica de Kampen, su tiempo ahí no fue muy extenso. Después de un año como estudiante en el seminario de la denominación reformada ortodoxa, donde además su padre era ministro, Herman toma la decisión de estudiar teología en el centro del modernismo o liberalismo teológico: la universidad de Leiden. Este hecho no debe ser visto como un abandono de su fe cristiana y reformada, sino como la búsqueda de una educación teológica más rigurosa, académicamente hablando. Dicho sea de paso, fue justamente en Leiden, bajo la predicación de un pastor reformado de su denominación, donde Bavinck participa por primera vez de la Santa Cena en octubre de 1875. En un futuro, él escribirá un libro devocional con respecto a la piedad que se desarrolla antes, en y después de participar de la Mesa del Señor.[3] De esta manera, Bavinck fue consolidando una formación teológica que tomaba en serio la academia, la confesionalidad y la piedad. La unión de estos elementos llevó posteriormente a Herman a aplicar una teología reformada y contextualizada en las distintas esferas de la vida y sociedad.

Mientras sus profesores negaban puntos esenciales de la fe cristiana, la fe viva y confesional de Bavinck se fortalecía al entrar en contacto con un pastor que había experimentado una cierta conversión de un cristianismo reformado liberal a un cristianismo reformado ortodoxo y experiencial. Aquel hombre era el mismo que había conocido previamente en su periodo en Kampen, y que, además, se estaba levantando como uno de los líderes de un movimiento posteriormente denominado como neo-calvinismo: Abraham Kuyper (1837-1920). De hecho, Herman Bavinck se convertiría en uno de los exponentes de este movimiento.

Es importante detenernos en este punto y reflexionar en torno a qué es el neo-calvinismo holandés, en especial para no confundirlo con el new calvinism (nuevo calvinismo) o para alejar algunos prejuicios que pudieran ser emitidos. Entonces, ¿qué es el neo-calvinismo? Fue un movimiento que comienza en la segunda mitad del siglo XIX y que termina en los primeros años de la segunda década del siglo XX en Holanda, con la muerte de sus principales líderes. Frente al liberalismo teológico que

---

[3] Herman Bavinck, *De offerande des lofs: overdenkingen vóór en na de toelating tot het heilige avondmaal* (Gravenhage: Fred. H. Verschoor, 1901). Actualmente este libro se está traduciendo al español, el cual lleva por título, «El sacrificio de la alabanza: meditaciones antes y después de la admisión a la Santa Cena».

atacaba a los seminarios reformados —reflejándose en predicaciones moralistas en los púlpitos— Kuyper y Bavinck se levantan para proclamar y desarrollar las viejas verdades reformadas en un nuevo contexto. En otras palabras, Bavinck y Kuyper recuperaron y aplicaron la visión y confesionalidad del *viejo* calvinismo dentro de los desafíos que planteaba el *nuevo* contexto social de la modernidad tardía. Ante las corrientes teológicas revolucionarias que se infiltraban en las iglesias y universidades holandesas, Kuyper se levanta para decir que todo el orden creacional debía reflejar el fin por el cual fueron creados: la gloria de Dios. Una frase que resume la cosmovisión reformada del neo-calvinismo nace justamente en la Universidad fundada por el propio Abraham Kuyper. En octubre de 1880, en plena inauguración de la Universidad Libre de Ámsterdam, Kuyper declaró que «no hay una pulgada cuadrada en todo el campo de la existencia humana sobre la que Cristo, que es Señor sobre todo, no clame "¡mío!"».[4] Fue en esta universidad donde a partir de 1902 Herman Bavinck comienza a enseñar dogmática.

Sin embargo, el desarrollo de la teología reformada no puede entenderse en su expresión neo-calvinista solamente con el pensamiento de Abraham Kuyper. En otras palabras, la comprensión del génesis del neo-calvinismo está incompleta sin la consideración del «Reino de Dios» de Bavinck. Tanto la «Soberanía de las esferas» de Kuyper (1880), como «El Reino de Dios» de Bavinck (1881) ofrecen la potente semilla del neo-calvinismo que, posteriormente, crecerá en un árbol que ofrecerá una impor-

---

[4] Ver la traducción de este discurso en la página web: http://estudiosevangelicos.org/soberania-de-las-esferas/

tante sombra frente a la aridez del modernismo teológico, como también frutos que ayudaran a nutrir la tradición reformada a nivel internacional. El resultado de esto es la actual *tradición* neo-calvinista, cuyas ideas fundamentales han llegado hasta el mundo hispanohablante en sus distintas expresiones, permeando distintas denominaciones protestantes a través de una continuidad/discontinuidad del pensamiento de Kuyper y Bavinck.

El Reino de Dios

Luego de terminar sus estudios doctorales en 1880 en Leiden —presentando una tesis sobre la Ética de Zuinglio— Bavinck acepta el llamado pastoral de una congregación en Franeker en 1881. Un mes antes de comenzar su ejercicio como pastor, Bavinck se reúne con los estudiantes y profesores —junto a sus esposas— del Seminario Teológico de Kampen para exponer sobre el Reino de Dios. Tal como mencionamos anteriormente, esta charla contiene los elementos básicos que formarán parte del pensamiento reformado y neo-calvinista de un Bavinck ya más maduro.[5]

Este discurso se divide en cuatro puntos principales. El primero trata de la esencia del Reino de Dios. El segundo, sobre la relación entre el individuo y el Reino. El tercero, con respecto al Reino y la comunidad. El último encabezado desarrolla la consumación del Reino de Dios. El lector podrá estudiar por su propia cuenta cada uno de

---

[5] Por lo tanto, aquel que desea profundizar en la teología de Herman Bavinck, no debería quedarse solamente con las ideas planteadas en este escrito; más bien, debería estudiarlas (y comparar su desarrollo) en conjunto con los escritos de Bavinck en distintos periodos de su vida, es decir, como profesor en Kampen y luego en la Universidad Libre de Ámsterdam.

estos puntos, sin embargo, quisiera reflexionar brevemente sobre algunas ideas que se encuentran en cada uno de ellos.

En primer lugar, la esencia del Reino de Dios. Una de las cosas que debemos tener en cuenta a la hora de estudiar a Bavinck es la importancia del concepto de unidad. El bien constituye una unidad. Por el contrario, el pecado disuelve. Para Herman, el pecado es lo que propaga el «individualismo hacia el extremo». Posteriormente, en sus clases de ética enseñará que la «mirada atomista fue el error de los filósofos franceses como Rousseau y es el error fundamental del pensamiento revolucionario… nuestros padres no conocieron la palabra "individualismo" porque para ellos no existían meros individuos; ser humano fue siempre ser la imagen de Dios, un miembro de la raza humana».[6] Contrario al pensamiento revolucionario, Bavinck postula que el bien constituye una unidad. De hecho, lo bueno es al mismo tiempo hermoso. Así, «el Reino de Dios en su perfección es la unidad de todos los bienes morales».

La unidad planteada por Bavinck se contrapone a la separación dualista que él identifica en distintos grupos —desde el modernismo teológico hasta las tendencias pietistas— y que dejará por escrito en distintas obras.[7] El Reino no divide los bienes espirituales y terrenales. El Reino como el bien supremo consiste en la «unidad, la inclusión, la totalidad de todos los bienes morales, de bienes terrenales y celestiales, espirituales y físicos, y eternos

---

[6] Herman Bavinck, *Reformed Ethics. Volume One.* Edited by John Bolt (Grand Rapids: Baker Academic, 2019), 49.

[7] Ver por ejemplo «La catolicidad del cristianismo y de la iglesia» y «Calvino y la gracia común».

y temporales».

Otro de los temas importantes que desarrolla Bavinck es el concepto de organismo. De hecho, el Reino es un organismo cuya cabeza es Cristo el rey, y su iglesia es el cuerpo. De esta manera, el Reino es universal y a la vez, se expande. El carácter universal o católico del Reino permite que este no esté atado a lugares o tiempos específicos, sino todo lo contrario. El Reino abraza toda la Tierra, por lo tanto, se extiende a gente de toda lengua, tribu y nación. Y no sólo eso, sino a cada área del conocimiento humano, como las ciencias, por ejemplo. El creador del universo, quien es el rey del Reino, es el fundamento de todo. De acuerdo a Bavinck, «la encarnación del Verbo, hecho primordial y principio fundamental de toda ciencia, es también el comienzo y el principio permanente del Reino de Dios». Cristo es el rey del Reino, la cabeza de la Iglesia y el principio de toda ciencia.

En el segundo punto, Bavinck se enfoca en el individuo. Si bien Bavinck resiste todo tipo de individualismo, esto no significaba un rechazo de la belleza del individuo. De hecho, el Reino de Dios está constituido por personalidades libres que ha rendido todo al señorío de Cristo, y que, por lo tanto, viven de acuerdo a la Ley de Dios. Esta rendición se realiza de manera consciente, con todas las fuerzas y de manera permanente. Interesantemente, Bavinck enfatiza la realización de cada vocación terrenal en el ejercicio del llamado celestial. Así, el joven teólogo se opone a las tendencias de extremos ascéticos/pietistas, como también los extremos teoréticos/materialistas. En otras palabras, el cristianismo no plantea un conflicto entre las vocaciones terrenales y el llamado celestial. El cristiano es un peregrino que, al tener su mirada puesta en los cielos, trabaja con todas sus fuerzas para desarrollar los dones y vocaciones aquí en la tierra.

En el tercer capítulo, Bavinck pone al individuo junto a otros individuos. De esta manera, el individualismo del individuo es mortificado, mientras que la personalidad del individuo se desarrolla en un contexto muy enriquecedor: la comunidad. Así, el Reino no es el bien mayor solamente para el individuo, sino también «para toda la humanidad», realizándose mediante la unión de fuerzas.

Dentro del aspecto comunitario, Bavinck identifica tres grupos que desarrollan la personalidad humana en el Reino de Dios: el Estado, la Iglesia y la cultura. El primero, «regula las relaciones mutuas; la iglesia norma su relación con Dios y la cultura gobierna las relaciones con el cosmos o el mundo». Interesantemente, la familia no es una cuarta esfera al lado de las otras tres, sino más bien, «el fundamento o modelo» de ellas. Es en la familia donde apreciamos un reflejo de cada una de estas esferas, siendo esta un «pequeño Reino» que existe para el mayor bien, el Reino de Dios.

En este punto, podemos ver la influencia kuyperiana en Bavinck, como, en la independencia de las tres esferas anteriormente mencionadas. En la misma linea, y con respecto a la relación entre iglesia y Reino de Dios, Bavinck es capaz de distinguir entre ambos. Esto es algo que desarrollará más adelante en su *Dogmática Reformada*. Es importante considerar que Bavinck distingue y no separa. Esto es porque si bien «la iglesia no es en sí misma el Reino de Dios en su totalidad», sin embargo, «es el fundamento indispensable del Reino de Dios, el preeminente y mejor instrumento...el corazón, el núcleo, el centro vivo del Reino de Dios». De esta manera, la iglesia consagra la vida religiosa del pueblo, y a partir de esa santificación, toda la vida cívica, política y moral de la persona es consagrada. Así, el domingo es guardado para luego santificar todo el resto de la semana. En otras palabras, la teología reformada de Bavinck desarrolla una piedad que se extiende en todas las áreas de la vida, nutriendo tanto el culto como la cultura.

Al entender y valorar correctamente la Iglesia, el Estado y la cultura —de acuerdo a los principios del Reino, en un nivel individual y comunitario— es posible ver lo verdadero, bueno y hermoso. Es en este punto donde debemos preguntarnos, ¿dónde obtenemos los principios del Reino de Dios? En el último apartado, Bavinck responde magistralmente: en la Escritura.

La Escritura es el Libro del Reino de Dios, no un libro para este o aquel pueblo, para el individuo solamente, sino para todas las naciones, para toda la humanidad. No es un libro para una época, sino para todos los tiempos. Es un libro del Reino. Del mismo modo que el Reino de Dios no se desarrolla al lado y por encima de la historia, sino en y a través de la historia del mundo, la Escritura no debe abstraerse, ni considerarse por sí misma, ni aislarse de todo. Por el contrario, la Escritura debe ponerse en relación con toda nuestra vida, con la vida de todo el género humano. Y la Escritura debe emplearse para explicar toda la vida humana.

Bavinck termina este tratado a partir de una mirada escatológica que resume la enseñanza orgánica del Reino, donde es Cristo -a través de su sangre- quien reconcilia todo consigo mismo para la gloria de Dios. De la misma manera, no podemos terminar esta introducción sin destacar que los conceptos de unidad y organicidad, así también como lo bueno, verdadero y hermoso, tienen su origen y propósito en el Dios trino. En otras palabras, la cosmovisión de Bavinck —mejor dicho, la visión de vida y mundo— es profundamente teológica y práctica porque es profundamente trinitaria. Sin una correcta doctrina trinitaria, no hay teología, ni cosmovisión, ni mucho menos vida cristiana.

Es justamente este fundamento trinitario —con sus implicancias en lo que respecta la idea de «diversidad dentro de la unidad», en el concepto de «organismo» y en la «visión de vida y mundo»— lo que llevará a Bavinck a escribir la primera edición de sus cuatro volúmenes de *Gereformeerde dogmatiek* (dogmática reformada) durante su primer periodo como profesor en el Seminario Teológico de Kampen (1882-1901). La segunda edición de su magnum opus verá la luz en su periodo como profesor en la Universidad Libre de Ámsterdam (1902-1921), donde, además, publicará textos relacionados con otras áreas del conocimiento humano, tales como pedagogía, filosofía, psicología y otros. Todo esto mientras era esposo, padre, un parlamentario político, miembro de la Academia Real Holandesa de Ciencias y Artes y un miembro activo en la vida de su iglesia.

El pensamiento de Herman Bavinck es un campo que sin duda traerá mucho beneficio al fortalecimiento de los seminarios reformados hispanos, como también a la ética de una vida reformada en España y Latinoamérica. Para eso, es necesario que más obras de este genio teológico —que dicho sea de paso, fue puesto por J.I. Packer (1926-2020) a la altura de Agustín (354-430), Juan Calvino (1509-1564) y Jonathan Edwards (1702-1758)— sean traducidas. Y no solo eso. La vida de este teólogo y predicador debe ser narrada y estudiada para un contexto hispano. De esta manera, los pastores, maestros, estudiantes, madres y jóvenes cristianos podrán deleitarse en aprender y aplicar una teología reformada que es para toda la vida.

Conclusión

Solamente una teología que ponga el Reino de Dios —y principalmente al Rey— como el bien supremo, será una teología que servirá y santificará el desarrollo del individuo y la comunidad en todas las esferas de la vida. De lo contrario, el estudio teológico será un mero ejercicio racional o emocional que intentará levantar reinos individualistas que, al igual que Babel, serán derribados por el Rey de reyes.

Dicho lo anterior, creo profundamente que no tenemos tiempo para perder en teologías que no consideren que el fin principal de esta es el de glorificar a Dios y gozar de él para siempre. ¿Cómo podemos saber si estamos glorificando a Dios correctamente en nuestros estudios teológicos?

En primer lugar, cuando entendemos que debemos nacer de nuevo -solamente por medio del Espíritu Santo- para entrar al Reino de los cielos, y como fruto de esta nueva vida espiritual, toda nuestra vida deberá estar rendida al señorío de Cristo. Es decir, cuando nuestra razón, nuestros afectos y nuestra voluntad abrazan la cruz de Cristo y a la vez, el Espíritu Santo continúa santificando nuestra personalidad. De esta manera, podamos ser instrumentos santos en la consagración de las distintas áreas de la vida. Así también, comprendemos que la personalidad juega un rol clave a la hora de estudiar teología, siendo conformada a la imagen de Cristo mediante una vida en comunidad. Nada más contrario a la teología reformada que intentar estudiar o enseñar teología apartados del cuerpo de Cristo, o aislar nuestra teología sin que esta no tenga efectos en el prójimo o en las vocaciones que Dios nos ha dado para ponerlas al servicio de su Reino.

En segundo lugar, glorificamos a Dios a través de la correcta contextualización teológica. Debido a que Bavinck fue un teólogo reformado, él fue capaz de desarrollar una teología trinitaria que impactaba su determinado contexto eclesial y social. Bavinck se vio desafiado por tendencias teológicas y sociales a las que los antiguos teólogos reformados no se vieron enfrentados. Por lo tanto, una mera repetición de las viejas formulaciones teológicas no podría responder ante las demandas del modernismo teológico, ni dar respuestas satisfactorias a los nuevos desafíos de la época. Así como el Reino de Dios es un organismo, la teología también lo es. En consecuencia, esta crece y se desarrolla en determinados contextos. Asimismo, la teología cristiana reformada se nutre profundamente de los viejos credos y confesiones para dar frutos que nutran a las nuevas generaciones, cuyas semillas sean capaces de germinar aún en los suelos más áridos, siempre y cuando sean fortalecidas con el Espíritu de Dios.

La teología es fuerte cuando responsablemente abraza la antigua ortodoxia y la desarrolla y traduce en el determinado contexto que la providencia de Dios nos ha puesto. De hecho, el discurso que el joven Bavinck dio a jóvenes estudiantes de teología fue con el deseo de caminar el camino de la «integración» en la sociedad moderna. Así, la teología reformada es santificada para permear e integrarse en los distintos contextos de todas las edades. De esta manera, es luz en la oscuridad.

Para terminar, la teología cristiana reformada en los países hispanos debe nutrirse de la rica herencia de los siglos anteriores, siempre y cuando, tenga como objetivo ser un instrumento santificado en la extensión del Reino de acuerdo con los nuevos desafíos que se levantan en nuestras ciudades o pueblos. Quedarse con una lectura de los puritanos —o en este caso, de Bavinck— sin que esta nos lleve a poner nuestros dones al servicio del prójimo, o que esta no sirva para que la bandera de Jehová flamee en todas las esferas del orden creacional, es una contradicción a lo que la tradición cristiana ha postulado por siglos. Para que esto no ocurra, necesitamos rendir todo lo que somos al Rey de este Reino. Pero no de manera aislada, sino con nuestras familias a través del culto familiar, y también, a través de recreaciones entre el esposo, la esposa y los hijos.

En nuestras iglesias, a través de las reuniones de oración, al tomar en serio la predicación y administración de los sacramentos, y también en visitarnos unos a otros y escucharnos alrededor de una simple comida. En nuestros seminarios, a través de la continua educación teológica por parte de los profesores y pastores, como también en la humildad y amistad entre los estudiantes. Y finalmente, en el trabajo orgánico de distintas iglesias —de distintas denominaciones— que consideran al Rey y Su Reino como *el bien supremo*.

ISRAEL GUERRERO, M.TH.
Edimburgo, Escocia,
Septiembre 2021

INTRODUCCIÓN

En medio de todas las angustias que rodean la disciplina de la teología en la actualidad, es sin duda un fenómeno alentador que la ciencia identificada como Ética parezca estar disfrutando de un resurgimiento de interés no anunciado, en comparación con épocas anteriores. Esto no significa, por supuesto, que todo en esta disciplina esté floreciendo. No todas las causas a las que se debe este resurgimiento de la Ética son alentadoras. El modo en que la gente trata de desalojar los firmes cimientos de esta disciplina, o intenta caricaturizar y negar sus principios eternos, dista mucho de ser alentador. Pero el hecho de que la gente sienta curiosidad por la vida moral e intente aclarar su naturaleza, sus principios y su esencia, creo que es un motivo de alegría y gratitud.

Antiguamente, la disciplina de la Ética recibía escasa atención, consistiendo mayormente en la explicación de las doctrinas de las virtudes y los deberes. No basta con saber qué tipo de personas debemos ser, sin embargo, no basta para la realización del bien moral, cuya descripción es suministrada por la doctrina de las virtudes. Tampoco es suficiente conocer los deberes o leyes según los cuales debemos perseguir ese bien moral. También es necesario comprender esos bienes morales en sí mismos según su naturaleza y esencia, en su unidad e interconexión, para poder aplicarlos dentro y alrededor de nosotros.

Quizás el teólogo más influyente del siglo XIX fue

Friedrich Schleiermacher, que fue profundamente incomprendido y a la vez demasiado estimado.[1] Sin embargo, fue él quien identificó el mencionado defecto en la visión anterior de la Ética y aseguró un lugar fijo en esta disciplina para la "doctrina de las virtudes" (Güterlehre). De este modo, aportó una revisión completa y un beneficio duradero a la disciplina de la Ética.

A esto hay que añadir el hecho de que, antiguamente, la gente colocaba los bienes terrenales y los celestiales al mismo nivel y no lograba sondear adecuadamente las profundidades de su interrelación, lo que constituye uno de los problemas más difíciles que existen. Por lo general, la gente dudaba en incluir los bienes terrenales en el ámbito de lo moral, con lo que se corría el riesgo de considerar el bien moral sólo de forma espiritual.

Nuestra época actual representa una oposición muy fuerte a esa dirección. La gente había tenido la esperanza de un futuro gloriosamente retratado y ansiosamente creído, que compensaría todo nuestro sufrimiento. Cuando no sucedió, han tratado de recuperar su pérdida bañándose en las delicias del momento. Los bienes invisibles y eternos los esperaban en vano desde hacía tanto tiempo que se volcaron en lo temporal y en lo visible. La factura de la diferencia, ya cargada en la cuenta del cielo, ha quedado impagada y ha resultado de hecho inútil. Hace ya mucho tiempo que la gente cree; ahora quiere ver, de hecho, vivir y disfrutar. Y como el futuro no entrega nada, cuanto antes mejor, cuanto más mejor.

Esa relación tan desafiante entre esta vida y la vida fu-

---

[1] Para evaluar nuestra perspectiva con respecto a Schleiermacher, puede ser útil el artículo escrito sobre él por Nesselmann en Der Beweis des Glaubens 5 (1869): 103-15.

tura, entre la tierra y el cielo, entre lo temporal y lo eterno, lo visible y lo invisible, ha llevado a la gente a resolver este desafío de la manera más sencilla, insistiendo en que un lado de esta relación no existe. En oposición a ese impulso materialista de nuestra época, aunque reconociendo la verdad que encierra este monumental error, procederé a compartir con ustedes una visión de la gloria de nuestra fe católica y cristiana, al hablarles del Reino de Dios como el bien supremo.

La elección de este tema me ofrece inmediatamente la ventaja significativa de que me encuentro en el corazón de un concepto genuinamente bíblico y específicamente cristiano. Este concepto nunca podría haber crecido en suelo pagano. Todos los elementos que constituyen este concepto están ausentes en el paganismo. El valor y el significado de la personalidad sigue siendo desconocido e incomprendido; el individuo-persona no tiene un propósito único, sino que aparece como un mero medio e instrumento para el grupo.

Así, la cosmovisión pagana carece del concepto de la humanidad como un único organismo interrelacionado y nunca pudo concebir la idea de un reino en el que tanto el individuo como el grupo desarrollaran su plena identidad. Además, la vida moral-religiosa estaba estrechamente ligada a la vida política y nunca alcanzó la independencia. Lo ético seguía siendo indistinto de lo físico y estaba prácticamente ligado a él, sin alcanzar un dominio independiente y apareciendo como un mero modo particular del único y grandioso proceso de la naturaleza que lo abarcaba todo. Así como en el Olimpo el destino ejercía su dominio sobre los dioses, también en la tierra la libertad de la personalidad estaba atada por las cadenas de la naturaleza impersonal.

En consecuencia, el bien supremo se consideraba de forma diversa: individualista o comunista, exclusivamente sensual o abstractamente espiritual. El bien supremo se identificó de diversas maneras: con Aristóteles, por ejemplo, como la felicidad (eudaimonia) del individuo, o con los estoicos, como vivir según la naturaleza, o con Epicuro como la felicidad experimentada a través del deseo. Incluso para el "espiritual" Platón, que profundizó tanto en la esencia del bien, el bien supremo consistía en liberarse de los sentidos y ser elevado al ser verdadero, puro e ideal, que se alcanzará bajo el reinado de la filosofía y se materializará en el Estado, donde todo es común y el individuo está completamente sometido al poder del grupo.

Básicamente, ninguno de los antiguos fue más allá de una moral de utilidad y cálculo. La noción de un Reino de Dios que fomente el desarrollo tanto del individuo como de la comunidad, que sea a la vez el contenido y la meta de la historia del mundo, que abarque toda la tierra y todas las naciones, tal idea no surgió ni en la cabeza ni en el corazón de ninguno de los paganos más nobles.[2]

El asunto era diferente en Israel. A través de la revelación divina se erigió un "muro intermedio de separación" entre ese pueblo y los paganos en casi todos los ámbitos de la vida. Israel era el pueblo del sábado, los paganos eran el pueblo de la semana. En el arte, la ciencia, el arte de gobernar, en todo lo que pertenece al ámbito de la cultura, Israel era muy inferior a muchas naciones paganas.

---

[2] Cf. Friedrich Überweg, Geschichte der Philosophie in Das Altertum, vol. 1, 5ª ed. (Berlín: Max Heinze, 1876).

Pero a ellos se le confiaron las palabras de Dios. Ellos conocían el valor y la importancia de la personalidad, en primer lugar la de Dios, pero también la de su imagen, el ser humano. Por eso Israel tenía en cuenta ante todo esa dimensión de la persona por la que se descansaba y dependía de Dios. Por el contrario, los paganos desarrollaron especialmente esa dimensión de la personalidad humana por la que uno se situaba por encima y en contra de la naturaleza. Pero como la verdadera libertad consistía en servir sólo a Dios, la libertad idolatrada por los paganos tenía que desembocar en la bancarrota.

El destino de Israel, por el contrario, se basaba en la exigencia de ser santo como Dios es santo. Israel estaba llamado a ser un Reino de Dios, a constituir una teocracia en la que la voluntad de Dios lo gobernara y dirigiera todo. En Israel, el Reino de Dios estaba encerrado dentro de los estrechos límites del Estado nacional. No era una esfera única junto al Estado y junto a la cultura, sino que existía dentro de ellos y los incluía, ejerciendo dominio sobre todo lo demás. De este modo, el Reino de Dios era particularista, y tenía que serlo para poder alcanzar la meta histórica, para no ser oscurecido o para no flotar como una idea abstracta por encima de la historia, para entrar realmente en la historia del género humano.[3] Sólo mediante ese carácter particularista el Reino de Dios podría convertirse realmente, si se me permite decirlo así, en un "poder universal-histórico" (universal-geschichtliche Potenz).

Así, desde el principio, el Reino de Dios tuvo un al-

---

[3] Cf. E. Riehm, "Der Missionsgedanke im Alten Testament", en Allgemeine Missions-Zeitschrift, vol. 7, eds. Gustav Warneck y Julius Richter (octubre de 1880), 453-65.

cance universal.

El Dios de Israel era el Dios de todos los pueblos. El significado de la personalidad era familiar, lo que incluía la idea de una humanidad única. El propio Israel era plenamente consciente de esa vocación tan especial de constituir un Reino de Dios, hasta el punto de que, cuando el período lujosamente caballeresco de los jueces estaba llegando a su fin, se planteó la gravísima cuestión de si la realeza terrenal era compatible con la teocracia. Samuel lo resolvió haciendo de la realeza de Israel un instrumento del gobierno de Dios. Pero poco después se separaron. A menudo, la realeza de Israel se convirtió en un instrumento de oposición a la teocracia. Y en la medida en que el Estado nacional y el Reino de Dios se disociaron y llegaron a oponerse tajantemente el uno al otro, en la historia de Israel el Reino de Dios se desconectó del carácter nacional y se hizo cada vez más universal-humano, puramente ético.

En ese momento, apareció el fenómeno más notable y conmovedor que jamás haya aparecido en la historia de la raza humana. En la pequeña tierra de Palestina, estrechamente rodeada por todos lados de paganos, la mirada de los fieles de Israel miraba hacia el futuro, el último día, abarcando toda la tierra y todos los pueblos. Los profetas de Israel, cuya mirada iba más allá de los límites de la nación, en contra de toda prueba empírica y de toda evidencia exterior, fortalecidos por su expectación y el heroísmo de su fe, hablaban de que los confines de la tierra estarían un día llenos del conocimiento del Señor.

Después del exilio se lanzó otro intento de dar al Reino de Dios una forma visible y un rostro histórico, ese intento también fracasó, y en ese momento la profecía cesó. Pero el pueblo judío no olvidó su vocación, aferrándose ansiosamente a la palabra profética una vez pronunciada, desarrollando aún más su expectativa. En la literatura apocalíptica y apócrifa del Antiguo Testamento se desarrolló toda una dogmática mesiánica. Como carecía de ánimo profético y de auténtica comprensión, su alto y excelso ideal fue empaquetado dentro de las limitaciones nacionales, se fundió en formas sensoriales y, por tanto, se contaminó y materializó.[4]

Entonces apareció el Elías del Nuevo Testamento proclamando la llegada del Reino de los Cielos. Y entonces apareció Aquel en quien el Reino de Dios estaba plenamente presente, que era su Fundador, y a partir del cual este Reino podía expandirse y desarrollarse aún más. En consonancia con los profetas, Jesús se quitó la vestimenta nacional y ajustada con la que el judaísmo había vestido, en realidad, había ocultado, pero —no lo olvidemos— también había conservado tan gloriosa idea. Para Jesús, el Reino de Dios era el propósito de toda su actividad, el contenido principal y la idea central de su enseñanza, cuya esencia, expansión, desarrollo y cumplimiento fueron presentados por él de la manera más variada, con y sin parábolas. Saliendo de su propia persona, estableció este Reino en los corazones de sus discípulos.

Al principio, el Reino de Dios se realizaba en la iglesia. Pero en la medida en que este Reino entró en el mundo, los dos se hicieron distintos. El contraste entre la iglesia y el mundo perdió algo de su agudeza. El Reino de

---

[4] Cf. Carl Wittichen, De Idee des Reiches Gottes (Göttingen: Dietrichsche Buchhandlung, 1872), 90-162; y Emil Schürer, Lehrbuch der Neutestament- lichen Zeitgeschichte (Leipzig: J.C. Hinrichs, 1874), 511-99.

Dios permea el mundo y el mundo permea la Iglesia. Sin embargo, su impulso catolicista no renuncia a ninguno de los dos términos, y reconcilia las tensiones mediante un proceso de toma y dame, y cuando es necesario, hace que el ideal se vuelva cristalino frente a lo real.

Al casarse con el Estado, la Iglesia no se aleja de ninguna de sus antiguas reivindicaciones al identificarse con el Reino de Dios. Según la perspectiva católica romana, el regnum Christi es idéntico al regnum pontificium, y el Reino de Dios terrenal es completamente idéntico a la organización histórica de la Iglesia católica romana establecida. De esta manera la teocracia judía es imitada en la iglesia. El cristianismo está judaizado y etnificado.

En oposición a esa organización, la Reforma registró su aguda y meditada protesta. Limpiando el cristianismo de sus elementos judíos y paganos, los reformadores volvieron a considerar el Reino de Dios en su carácter ideal, espiritual y eterno, y declararon en su distinción (no separación) entre la iglesia visible y la invisible que aquí en la tierra el Reino de Dios nunca puede realizarse perfectamente en una comunidad visible e históricamente organizada. Sin embargo, puede considerarse muy notable que, a pesar del lugar prominente que ocupa el término Reino de Dios en la Sagrada Escritura, especialmente en los libros proféticos y en las enseñanzas de Jesús, este término, sin embargo, prácticamente desapareció de la teología protestante, y es sustituido por la frase iglesia invisible. Sin embargo, sin perder nada del rico contenido que contiene esta idea, la frase Reino de Dios no puede seguir siendo descuidada. Por eso, voy a tratar de presentarles el Reino de Dios como el bien supremo, desplegando su contenido, que, por su riqueza, sólo puede ser descrito en sus rasgos principales. Para ello, quiero mostrar como puntos de referencia estas cuatro ideas:

1. La esencia del Reino de Dios
2. El Reino de Dios y el individuo
3. El Reino de Dios y la comunidad (familia, Estado, iglesia, cultura)
4. La realización del Reino de Dios

CAPÍTULO 1

LA ESENCIA DEL REINO DE DIOS

Todos ustedes conocen la cautivadora idea de Pascal: "l'homme n'est qu'un roseau, le plus faible de la nature, mais c'est un roseau pensant" ("el hombre es una caña, la más débil de la naturaleza, pero es una caña pensante"). Incluso, continúa Pascal, si el universo matara al hombre, éste sería más noble que todo el cosmos, pues sabe que muere. Así que el cosmos existe para ser conocido, comprendido y dominado por el hombre. Si se pudiera concebir un mundo que siempre procediera en su órbita sin poder depositar su imagen en la conciencia humana, la existencia de tal mundo sería una no existencia como una noche eterna, iluminada por ningún rayo de luz.

Pero la personalidad se eleva por encima del oscuro impulso de la naturaleza y habita en el Reino de la luz, del espíritu y de la libertad. Esto es como el mito fantasioso en el que Afrodita emerge de la niebla de las olas para otorgar fertilidad y vida a la creación inmóvil y muerta. Del mismo modo, la personalidad humana se eleva por encima del mundo y le otorga los rayos de la iluminación. Y aún así, aunque vaya más allá del mundo, el hombre no es del mundo. Sin embargo, no se encuentra en relación con el mundo como un extraño, sino que pertenece al mundo, está relacionado con el mundo, y está íntimamente ligado al mundo con el más fuerte de los vínculos, por medio de su propio organismo.

Del mismo modo que la personalidad humana, espiritual, invisible y eterna en su esencia, requiere, sin embargo, el cuerpo material como instrumento de su actividad y de su manifestación exterior, así también el Reino de Dios, como bien supremo para la humanidad, es en verdad un Reino que en su esencia supera todo lo temporal y terrenal. Esto no significa, sin embargo, que el Reino de Dios esté enemistado con todo lo temporal y terrenal, sino que lo necesita como instrumento y está dispuesto a serlo por ellos. En su esencia, en la profundidad de su ser, el Reino de Dios es espiritual, eterno, invisible. No viene con forma externa (Lucas 17:20), no consiste en comida y bebida (Romanos 14:17), es invisible e intangible. Porque es el Reino de los Cielos, de origen celestial, y por medio de poderes celestiales y sobrenaturales se estableció el Reino en la tierra, se sigue desarrollando y se orienta su futuro. Pero es abstracto y espiritual, aunque no es una simple deducción lógica carente de toda realidad. El contraste que para nosotros es tan familiar, entre lo sensual y lo espiritual, es totalmente ajeno a la Escritura. El Reino de Dios, como bien supremo, consiste en la unidad, la inclusión, la totalidad de todos los bienes morales, de los bienes terrestres y celestiales, espirituales y físicos, eternos y temporales.

El bien puede constituir una unidad, y lo hace automáticamente. Por el contrario, el pecado es incapaz de hacerlo. El pecado es disolucion; el pecado "pasa de la unidad despreciada a la diversidad"; el pecado propaga el atomismo y el individualismo hasta el extremo. El pecado es un poder desorganizador que no posee ninguna razón de ser y, por tanto, ninguna finalidad en sí mismo. Así que el pecado nunca puede tener valor como algo inherentemente deseable, ni obliga a nadie a seguirlo. El pecado es realmente innecesario, una inmoralidad absoluta, que existe sin derecho a existir. Por lo tanto, el pecado nunca puede establecer una entidad, un reino que proceda de sí mismo. Constituye simplemente una especie de contrato social, porque sólo como poder organizado puede el pecado alcanzar su objetivo, que está fuera de él, es decir, la destrucción del bien, y sólo así puede derribar el Reino de Dios. Por eso, cuando el Reino de Dios se perfeccione y deje de estar expuesto a los ataques de Satanás, en ese momento el reino del pecado se dividirá en pedazos, se destruirán todos sus elementos y se volverá contra sí mismo.

El bien, sin embargo, constituye una unidad. Liberado del poder destructivo del pecado, se organiza automáticamente. El bien es al mismo tiempo lo bello; consiste en una armonía perfecta. El Reino de Dios en su perfección es la unidad de todos los bienes morales.

Aquí en la tierra, sin embargo, todos esos bienes no son todavía uno; aquí, la santidad y la redención, la virtud y la felicidad, el bien espiritual y el físico no coinciden todavía. Más bien, aquí en la tierra la justicia del Reino de Dios está ligada a la cruz, y a través de muchas tribulaciones debemos entrar en el Reino de los Cielos (Hechos 14:22). Los bienes terrenales, como la riqueza, el honor y la prosperidad, pueden ser incluso impedimentos, como lo fueron para el joven rico (Marcos 10:23). Porque cuando, por el pecado, todos estos bienes pierden su vínculo de unidad, llegando cada una de ellos a separarse aisladamente de los demás, se convierten más fácilmente en instrumentos del pecado.

Pero en sí mismo el Reino de Dios no es hostil a todos esos bienes. Más bien, el Reino de Dios es independiente de todos esos bienes externos; existe por encima de ellos, los alista como su instrumento, y al hacerlo les devuelve su propósito original. Por eso Jesús vino con la exigencia: buscad primero el Reino de Dios y su justicia, y todo lo demás no es entonces vano, inútil y pecaminoso, sino que se os añadirá; se os añadirá, porque quien posee la justicia del Reino de Dios ciertamente heredará la tierra (parafraseado).

Lo que constituye el vínculo, la unidad de todos esos bienes, es de naturaleza espiritual, es decir, la justicia. Es la justicia que consiste precisamente en que cada cosa exista según su propia naturaleza, que reciba el lugar que le corresponde y que sea completa en su naturaleza y esencia. A esa justicia todo está subordinado, pero también a esa justicia todo debe la conservación y perfección de su esencia. Así como en el ser humano la personalidad es lo más elevado, y el cuerpo debe ser su instrumento, también en el Reino de Dios todo lo terrenal, temporal y visible está sometido a lo espiritual y eterno. Como lo espiritual y eterno, para existir en la realidad y no sólo en la mente o en la imaginación, debe ser siempre personal, así también el Reino de Dios es un Reino de personalidades libres.[1] Allí la personalidad de cada uno se desarrolla ple-

---

[1] Cf. M. des Amorie van der Hoeven, Over het wezen der religie en hare betrekking tot

namente y responde a su finalidad.

Porque la justicia del Reino de Dios consiste en que la persona sea plenamente persona, de modo que todo lo que hay en ella esté sujeto a su esencia espiritual y eterna. En este momento todo dentro de la persona está desgarrado, y lo que debería estar junto se ha desgarrado. El entendimiento y el corazón, la conciencia y la voluntad, la inclinación y la fuerza, el sentimiento y la imaginación, la carne y el espíritu, se oponen en este momento y compiten entre sí por la primacía.

Pero en el Reino de Dios todos esos son de nuevo puros instrumentos de la personalidad, dispuestos en perfecto orden alrededor de la personalidad como su centro. Allí ya no existe la vida natural oscurecida, ni ningún impulso involuntario. Todo se mueve hacia afuera desde el centro de la personalidad y regresa allí. Todos los poderes existen en la plena luz de la conciencia y están plenamente incluidos en la voluntad. Toda compulsión está excluida, ya que es un Reino del espíritu y, por tanto, de la libertad. En este Reino, lo natural y lo visible se sitúan completamente bajo la perspectiva de lo espiritual y lo eterno; lo físico es un puro instrumento de lo ético, así como todo, incluido nuestro propio cuerpo, que pertenece a nuestra persona y sin embargo no es idéntico a ella, está completamente al servicio de nuestra personalidad y es glorificado precisamente como un instrumento del dominio del espíritu.

Así pues, el Reino de Dios es un Reino de personalidades libres en el que cada personalidad ha alcanzado su pleno desarrollo. Pero es un Reino de personalidades

---

het Staatsregt (Amsterdam: P.N. van Kampen, 1854), 12.

libres que no viven separadas las unas de las otras, como individuos, sino que juntas forman un Reino y están unidas entre sí en la más completa y pura comunidad. El Reino de Dios no es un agregado de componentes dispares, ni siquiera una entidad unida accidentalmente por un interés comunitario. No es simplemente una sociedad, un club, una asociación como las que vemos establecidas hoy en día en todas partes. Todas esas asociaciones contemporáneas de hombres y mujeres, de niños y niñas, o de jóvenes, formadas como están en torno a diversos intereses y para diversos fines, deben su existencia en su mayor parte, o al menos en parte, al individualismo reinante en nuestros días.

Pero el Reino de Dios es un Reino, el reino social por excelencia donde la vida comunitaria obtiene su más alto desarrollo y su más pura manifestación. Es el reino más original que existe, y los reinos terrenales, incluido el reino natural, no son más que una imagen tenue y una débil semejanza. Es una entidad en la que las partes individuales están construidas unas para otras y encajan entre sí, unidas por la más íntima comunión, habitando juntas bajo una autoridad superior que forma la ley de esta entidad. Se trata, pues, de un organismo cuya totalidad no sólo precede y trasciende a las partes individuales, sino que constituye simultáneamente la base, la condición y el poder constitutivo de las partes. Al mismo tiempo, no es un Estado platónico en el que los derechos del individuo se sacrifican a los del grupo. Más bien es lo contrario. El Reino de Dios mantiene, en efecto, la personalidad de cada uno, asegurando su pleno desarrollo.

Incluso la individualidad no se destruye por ello,

porque no es una imperfección, sino lo que suministra la esencia de cada persona y distingue a una de otra. Sin esa individualidad un organismo no podría ni siquiera existir.[2] El Reino de Dios dejaría de ser el organismo más perfecto, más puro, si la mano dejara de ser la mano, el ojo dejara de ser el ojo, y cada miembro de ese organismo dejara de ser él mismo. "Si todos fueran un solo miembro, ¿dónde estaría el cuerpo?" (1 Cor. 12:19 ss.; cf. Rom. 12:4 ss.).

Precisamente por medio de la única vida compartida del organismo, los miembros individuales del mismo se mantienen y conservan en su diferenciación y singularidad. El Reino de Dios, por lo tanto, no es un atomismo sin vida, petrificado, no es una uniformidad desnuda, sino una unidad que incluye e incorpora armoniosamente una multitud infinita. Precisamente por eso el Reino de Dios es la comunidad más elevada, más perfecta, porque garantiza a la personalidad de cada uno el desarrollo más completo y rico de su contenido. Pues la unidad de un organismo se hace más armoniosa, más rica y más gloriosa en la medida en que aumenta la multitud de partes.

Por ejemplo, hay muy poca unidad junto a muy poca diversidad en una roca. Cada roca se parece a las demás, y cada trozo de roca es sólo otra roca. Pero en una planta ya encontramos unidad en medio de una mayor diversidad. Más aún con un animal. La unidad más rica y gloriosa en medio de la diversidad la vemos en un ser humano en quien vemos una diversidad incalculable, una riqueza inagotable de fenómenos, una plenitud inefable

---

[2] Cf. Alexandre R. Vinet, "Sur l'individualité et l'individualisme" en Mélanges (París: Chez les éditeurs, 1869), 83-101.

de capacidades y dones y poderes. El mundo entero está recapitulado y representado en un ser humano. Un ser humano es realmente un microcosmos. Y sin embargo, toda esa plétora de fenómenos está armónicamente unida y orgánicamente dispuesta en la personalidad, que en sí misma es eterna y supera con creces toda esa plétora, ya que conoce ese maravilloso organismo por medio de su conciencia y lo gobierna por medio de su voluntad.[3]

Así pues, lo que el ser humano es para el mundo, eso es lo que el Reino de Dios es para el ser humano. Allí reina la más rica armonía junto a la perfección de la belleza. Allí reina la más gloriosa y pura unidad entre la más inescrutable riqueza y la más incalculable diversidad.

Imagínalo si puedes: cada miembro de ese organismo conocido como el Reino de Dios es genuinamente una personalidad con una plenitud de vida desarrollada plenamente en todos los aspectos. Ese Reino en sí mismo es, en su totalidad, otra personalidad formada en la misma línea. Pues la personalidad es la fuente más básica y original de todo sistema, das Ursystem, como lo llama Stahl.[4]

El propio Reino es también una personalidad orgánica cuya cabeza es Cristo y cuyos súbditos constituyen el cuerpo. Así como cada personalidad tiene y debe tener un organismo conocido como cuerpo, también la iglesia es el cuerpo, el organismo puro de la personalidad divino-humana de Cristo, el pleroma, para usar la profunda expresión de Pablo (Ef. 1:23), de aquel que lo llena todo en todo. Así, el Reino de Dios es la reconciliación del in-

---

[3] Véase el capítulo "le principle de l'excellence," en Paul Janet, La Morale (París: Ch. Delagrave, 1880), 55-85.

[4] Friedrich J. Stahl, The Philosophy of Law, vol. 1, 4ª ed. (Heidelberg: J.C.B. Mohr), 500.

dividualismo y del socialismo, la realización de la verdad de ambos. Incluso podría decirse que en el Reino de Dios el individuo existe por el bien del todo, así como el todo existe por el bien del individuo.[5]

En la comunidad del Reino de Dios, como hemos dicho, Cristo es la cabeza. El Reino de Dios es, pues, un Reino de Cristo. Sin el pecado, el Reino de Dios habría existido entre la humanidad desde el principio y se habría desarrollado con total normalidad. Por el pecado, el Reino de Dios se desbarató, los diversos bienes contenidos en el Reino se desgarraron y la tríada de lo verdadero, lo bueno y lo bello se rompió. Dios quiso restablecer su Reino, para el que proporcionó la sombra y la preparación ya en la teocracia de Israel, y en la plenitud de los tiempos envió a su Hijo para establecerlo en la tierra. Por eso, a causa del pecado, el Reino de Dios se convirtió en un Reino de Cristo. Él fue ungido Rey en ese Reino, y ejerce su soberanía hasta que haya destruido todo dominio y toda autoridad y poder y haya puesto a todos sus enemigos bajo sus pies (1 Cor. 15:24-25). Ese es el tiempo que debe reinar como Rey.

Así pues, el Reino de Dios es un Reino que todavía no existe plenamente, pero que está llegando a una existencia más plena, un Reino que no puede expandirse y desarrollarse de otra manera que no sea a través de un conflicto feroz. Porque la exigencia única y absolutamente autoritativa es la de la justicia, la demanda de la perfección absoluta. No puede abandonar esta exigencia sin destruirse a sí mismo, de modo que en ese Reino no en-

---

[5] Hans Lassen Martensen, *Die Christliche Ethik Allgemeiner Theil*, 3ª edición. (Gotha: Besser, 1878), 259-303.

trará nada que contamine y haga cosas detestables y hable mentiras (Ap. 21:27). Por lo tanto, es un Reino militante, que no puede simplemente incorporar algo tal como es, sino que debe conquistar y arrancar del dominio del pecado todo lo que abarca. Sin embargo, como es de naturaleza espiritual, sólo emplea armas espirituales. Para su expansión, el Reino de Dios no reconoce otra autoridad que el poder omnipotente de la gracia divina.

De este modo, el Reino de Dios posee un carácter redentor y santificador. Así como Cristo es el Fundador, también es la fuerza motriz del Reino, y determina la naturaleza y el modo de su desarrollo. La encarnación del Verbo, hecho primordial y principio fundamental de toda ciencia, es también el comienzo y el principio permanente del Reino de Dios. La encarnación indica que lo divino, lo eterno, lo invisible, no se cierne sobre nosotros a una altura inalcanzable (Rom. 10:6-8), sino que ha entrado en lo humano, en lo temporal y en lo visible, y ahora se presenta a nuestros ojos nada más que físicamente, en forma humana y de manera humana.

Este es también el principio rector que determina ahora la naturaleza de la expansión del Reino de Dios. Lo genuinamente humano nunca y en ninguna parte puede ser apagado o suprimido. Siempre y en todas partes lo genuinamente humano debe convertirse en órgano e instrumento de la forma en que existe lo divino. El Reino de Dios espera esa unidad, que contemplamos en Cristo de forma totalmente única, en todos los ámbitos de la vida y del esfuerzo humano, para hacer que cada cosa sea real según su naturaleza.

Sin embargo, pretende hacerlo no como los griegos, para quienes lo divino desaparecía en lo humano, ni como los seguidores de Buda, para quienes lo humano es absorbido por lo divino. La unidad del Reino de Dios trata de mantener tanto la esencialidad como la independencia de lo divino y lo humano, para que lo humano sea un instrumento puro e inmaculado de lo divino y lo divino se manifieste corporalmente de forma completamente humana (Col. 2:9).

La propia encarnación nos enseña que esto es posible. El propio ser humano no es pecador, sino que se ha convertido en el instrumento del pecado. La tierra se encuentra entre el infierno y el cielo. Es la tierra de la relatividad. Así como la tierra apenas es el peor de los males -el infierno-, tampoco el bien supremo -el Reino de Dios- se realiza completamente. Ni el mal ni el bien se encuentran absolutamente aquí en algún lugar. Ambos principios existen en la tierra juntos y al lado del otro. Los dos están entrelazados, luchando y contendiendo el uno contra el otro, pero, al contrario de lo que algunos intentan decirnos hoy en día, nunca se tragan el uno al otro. Así como Pedro fue en su momento el premio en el conflicto entre Jesús orando y Satanás, que quería zarandearlo como a trigo (Lucas 22:31), de la misma manera hay una contienda por toda la tierra y toda la humanidad entre Satanás y Cristo. La contienda entre esos dos poderes personales -no entre meras ideas abstractas o vagos principios, sino entre ambas cabezas del Reino y portadores de la corona- confiere a la historia su carácter terriblemente trágico. No obstante, la cuestión es si todo lo humano participará en el desprecio de Satanás o en la gloria de Cristo, si esta tierra pertenecerá al infierno o al cielo, si la humanidad se convertirá en demonio o en ángel.

Al no considerar nada de lo humano como extraño, sino como de naturaleza espiritual, el Reino de Dios es universal, no está ligado a ningún lugar ni a ningún tiempo, y abarca toda la tierra y todo lo humano, independientemente de la nación y del país, de la nacionalidad y de la raza, de la lengua y de la cultura. En Cristo Jesús sólo es legítimo lo que ha sido creado de nuevo, sin excepciones. Por eso hay que llevar el Evangelio del Reino a todas las naciones, a todas las criaturas, no sólo a los hombres, sino a toda la creación (Marcos 16:15). El Reino de Dios se extiende hasta la misma cristiandad. Existe allí donde Cristo gobierna, donde habita con su Espíritu. Todo lo terrenal, en la medida en que es limpiado y consagrado por Cristo, constituye el Reino de Dios.[6] Habiendo entrado en la historia, habiéndose convertido por Cristo en una potencia histórica mundial, sí, en el motor de toda la historia, el Reino se expande y se desarrolla vel nobis dormientibus (incluso mientras dormimos). Procede silenciosamente y sin ser observado, con más rapidez de la que quizá podamos imaginar, como "la levadura que tomó una mujer, y escondió en tres medidas de harina, hasta que todo fue leudado". (Mt. 13:33), "o como al grano de mostaza, que un hombre tomó y sembró en su campo; el cual a la verdad es la más pequeña de todas las semillas; pero cuando ha crecido, es la mayor de las hortalizas, y se hace árbol, de tal manera que vienen las aves del cielo y hacen nidos en sus ramas." (Mt. 13:31).

Como Reino de Cristo se caracteriza por convertirse

---

[6] Cf. Kloje, "Christenthum", en Real-encyklopädie für protestantische Theologie und Kirche Christenthum, ed. Johann Jakob Herzog, 22 vols. (Gotha: Rudolf Besser, 1854-1868), 2:674-81.

(desarrollar) y esperar su consumación. Entonces, cuando esté completo, cuando toda oposición haya sido vencida y el reino mismo esté completamente santificado, entonces Cristo devolverá la soberanía concedida a aquel que lo otorgó, y entregará el Reino sin mancha ni arruga a su Dios y Padre.

De este modo, el Reino de Dios es, finalmente, un Reino de Dios. En efecto, Cristo sigue siendo la Cabeza del cuerpo, a través de la cual toda la vida divina nos es suministrada por Dios en forma humana, y a su vez todo lo nuestro, todo lo humano, glorifica a Dios como un sacrificio agradable consagrado a él. Pero la soberanía absoluta la ejerce entonces Dios mismo, que es la Fuente y el Origen de toda soberanía, el Señor de los señores, el Rey de los reyes. El Reino de Dios es un Reino, el más noble y glorioso que se pueda imaginar. No es un imperio, pues eso nos hace pensar en un poder mundial y en una dominación tiránica, sino que es un Reino en el que la soberanía descansa en el poder perfecto de Aquel que la ejerce. En el Reino de Dios, Dios mismo es el Rey-Soberano. En este Reino gobierna sobre un pueblo libre que le sirve voluntariamente y que encuentra en esa sujeción precisamente la fuente y la seguridad de todas sus libertades.

CAPÍTULO 2

EL REINO DE DIOS Y EL INDIVIDUO

Ese Reino, cuya esencia hemos intentado darles a conocer, es, como unidad de todos los bienes morales, el bien supremo para cada persona, para cada individuo sin importar quién y qué sea. Para todos sin distinción, el Reino viene con la exigencia intensamente seria de renunciar a todo lo demás en su nombre, incluso al padre y a la madre, a la hermana y al hermano. Porque "es semejante a un tesoro escondido en un campo, el cual un hombre halla, y lo esconde de nuevo; y gozoso por ello va y vende todo lo que tiene, y compra aquel campo." (Mateo 13:44).

La persona humana tampoco es un momento de desarrollo que pasa rápidamente en el gran proceso de la naturaleza. La persona humana no existe simplemente por el bien de otra cosa, sino que la existencia de la persona tiene valor en sí misma. La persona humana posee un objetivo o propósito inherente. Para cada persona ese propósito es ser siempre plenamente él mismo, es decir, ser su personalidad. La meta de la existencia personal es simplemente obedecer esa ley que Dios nos ha dado simultáneamente como la ley de nuestra propia personalidad y como la ley que sigue resonando débilmente en la conciencia humana. Mientras existimos en el presente estamos atados por todos lados por diversos apegos que nos son ajenos. Esta ley, que resuena por encima de la naturaleza, nos gobierna más a menudo de lo que pensamos. La vida natural ocupa un lugar extremadamente amplio dentro de nuestra existencia. Tan extremadamente amplia, de hecho, que esta vida natural se apropia de un tercio de toda nuestra vida terrenal a través de nuestro sueño, y por lo tanto condena nuestra personalidad, nuestra conciencia y nuestra voluntad a la inactividad.

Además —y esta es la verdadera esclavitud de nuestra vida espiritual personal— en nuestra vida consciente también estamos obligados por esa ley en nuestros miembros que entra en conflicto contra la ley de nuestra mente. El pecado es el enemigo de la personalidad a la que, sin embargo, debe las posibilidades de su existencia. El pecado no desea la autoconciencia ni la libertad; el pecado odia ambas cosas con un odio perfecto. Se mueve en los oscuros recovecos de la vida. La coacción de la naturaleza es la forma ideal del poder con el que el pecado desea gobernar. Por eso el pecado nos oculta de nosotros mismos; el pecado finge y disimula con nosotros. Conocerse a sí mismo, después de todo, es el primer paso en el camino de la conversión.

Por el contrario, todos recibimos la exigencia de ser siempre plenamente conscientes de nosotros mismos y genuinamente libres para vivir esa vida espiritual eterna que perdimos por el pecado, para que no nos rija otra cosa que la ley de nuestro propio ser espiritual que hace de todo lo demás un instrumento de nuestra personalidad. Nuestro llamado es tomar este oscuro principio natural que ahora llevamos dentro de nosotros, para exponerlo completamente a la luz de nuestra consciencia, para escudriñar a través de nosotros mismos completamente, sin dejar nada oscurecido dentro de nosotros. Nuestra vocación es que todo nuestro ser y nuestra esencia se reflejen en el espejo de nuestra consciencia, y que así nos asemejemos a Dios, que "es luz, y no hay ningunas tinieblas en él." (1 Juan 1:5). Se reduce a esto: hacer de nuestra personalidad la única causa de todo nuestro pensar y actuar. Estamos llamados a incrustar toda nuestra personalidad en cada acto, en cada pensamiento, para no hacer nada de forma inconsciente y arbitraria, sino hacerlo todo con plena consciencia y voluntad, libre y moralmente.

Esta exigencia se corresponde plenamente con la del Reino de Dios y sólo puede cumplirse mediante la obra de ese Reino. Todo otro bien que perseguimos inconscientemente y sin intención se hace nuestro sólo parcialmente y puede producir algún beneficio para nosotros. En cambio, todo trabajo por el Reino de Dios que se realiza sin consciencia y voluntad, sin toda nuestra personalidad, es imposible por lo menos vano e inútil para nosotros mismos, y lo que es peor, nos destruye eternamente.

En cierto sentido, todos sin distinción trabajan para el Reino de Dios, voluntaria o involuntariamente, si no como un colaborador independiente, al menos como un instrumento ciego y sin voluntad. Porque si nosotros mismos no estamos dispuestos a trabajar para el Reino de Dios libremente y sin coacción, entonces Dios Todopoderoso nos utilizará igualmente como instrumento involuntario para hacer todo lo que su mano y su consejo habían determinado de antemano que debía suceder. En este sentido, incluso Satanás colabora para el Reino de Dios. Porque así como la maldición proviene del mal,[1] llegando a buscar la buena oportunidad para el pecado, así también es privilegio de los buenos convertir el mal en bien. Pero entonces, una vez que Dios nos haya utilizado, no nos tratará como personas, sino como herramientas ciegas, y nos echará de delante de su rostro. Del mismo modo que el Reino de Dios es un reino de personalidades libres, también puede nacer en nosotros sólo a través de nuestra plena personalidad con conciencia y voluntad, o, como dice la Escritura, con toda nuestra mente y voluntad toda nuestra alma y con todas nuestras fuerzas. Pero también en contrapartida, estamos llamados a trabajar por ese Reino con consciencia y voluntad, a hacerlo avanzar libre e independientemente dentro y fuera de nosotros, a consagrarle toda nuestra vida. Estamos equipados para que todo lo relacionado con esta labor sea la fuente para templar nuestra voluntad, para fortalecer nuestra consciencia, para duplicar nuestra fuerza, para expandir nuestro espíritu a toda la gama de nuestra personalidad, y para acumular un tesoro que "ni la polilla ni el orín puedan corromper".

Aunque el Reino reclama toda nuestra personalidad y todas nuestras fuerzas, también nos exige perpetuamente. En efecto, seguimos atados aquí en la tierra; no gobernamos el tiempo, sino que a menudo somos gobernados por él. Sin embargo, el ideal que debemos intentar captar es que estemos libres del tiempo y que nos alejemos de

---

[1] August Tholuck, Die Lehre von der Sünde, 8ª edición. (Gotha: Perthes, 1862), 19.

esta libertad sólo lo necesario para mantener nuestra personalidad. Dios nunca nos concede tiempo libre para no ser lo que debemos ser. Como alguien que él mismo está trabajando hasta ahora, nos exige que seamos como él en ese aspecto y que, como Cristo, trabajemos mientras sea de día. En sí mismo, el tiempo es una forma vacía, sin contenido y, por tanto, "tediosa". Pero el tiempo ha sido dado para ser llenado con contenido eterno, y por esta razón siempre fluye hacia la eternidad, de modo que el tiempo mismo "contiene la eternidad en cada momento." Al fin y al cabo, la eternidad no es una deducción intelectual, ni una forma estéril, ni un vacío, sino precisamente lo contrario: la eternidad es el tiempo con un contenido infinito y eterno en cada momento.

Dios está trabajando todo el tiempo; llena cada momento de contenido eterno y, por tanto, lo hace todo a su tiempo, incluso cuando envió a su Hijo en la plenitud de los tiempos. Nuestro tiempo está realmente lleno y colmado solo cuando no lo gastamos en cosas que sirven meramente para pasar el tiempo, sino solo cuando llenamos el tiempo con el trabajo eterno y permanente. Por eso estamos llamados a trabajar, "no por la comida que perece, sino por la comida que a vida eterna permanece, la cual el Hijo del Hombre os dará; porque a éste señaló Dios el Padre." (Juan 6:27). En resumen, nuestro tiempo debe llenarse de trabajo en favor del Reino imperecedero e inamovible de Jesucristo, nuestro Señor.

Esto no quiere decir, sin embargo, que tengamos que trabajar por ese Reino de Dios al margen de cualquier vocación terrenal. Ciertamente, el Reino de Dios no es del mundo, pero está en el mundo. El Reino no existe dentro de los estrechos confines del armario interior, restringido a la iglesia y al monasterio. El Reino no es enteramente "de otro mundo", sino que ha sido establecido por Cristo en la tierra y se encuentra en una relación muy íntima -aunque para nosotros en muchos aspectos inexplicable- con esta vida terrenal y es preparado por esta vida. Sin embargo, es igualmente cierto que el Reino no está presente de forma exhaustiva en esta vida, no es meramente "de este mundano". El Reino es y llega a ser.

El sabbat eterno aún no ha llegado, y sin embargo ya tenemos un anticipo de él. En este momento, sin embargo, el domingo y el resto de la semana coexisten. Nuestra vocación celestial no se ve afectada por nuestra vocación terrenal.

Debemos estar en guardia contra ambos errores. Por un lado, nuestra vocación terrenal no debe ser malinterpretada a causa de diversos énfasis ascéticos, pietistas y metodistas, mientras que, por otro lado, nuestra vocación celestial no puede ser negada a causa del materialismo teórico o práctico. Nuestro ideal sigue siendo que exaltemos los demás días de la semana a la altura del sabbat y que ejerzamos continuamente nuestra vocación celestial cada vez más en y entre nuestra vocación terrenal.[2]

Nuestro llamamiento terrenal es, después de todo, la forma temporal de nuestro llamamiento celestial. Está marcado de alguna manera por el sentimiento de que "para ser un ángel, primero debes ser un ser humano apto".[3]

---

[2] Martensen, Die Christliche Ethik, vol. 2 (Gotha: Besser, 1878), 352-64. Cf. también las reflexiones de Lutero sobre nuestra vocación terrenal en Christoph Ernst Luthardt, Die Ethik Luthers, 2ª ed. (Leipzig: Dörffling und Franke, 1875), 71. (Leipzig: Dörffling und Franke, 1875), 71ss.

[3] Johann Julius Baumann, Handbuch der Moral, nebst Abriss der Rechts- philosophie (Leipzig: Hirzel, 1879), 238.

Nuestro llamado terrenal nos ha sido dado, dice Calvino,[4] para que podamos tener una base firme y no ser arrojados de aquí para allá durante toda nuestra vida. Por medio de nuestra vocación terrena nos formamos, por tanto, con miras a desarrollar nuestra personalidad y prepararle un instrumento puro en nuestro cuerpo y en todo lo terrenal.

Un rasgo distintivo del cristianismo es que no condena ninguna vocación terrenal en sí misma ni considera que ninguna vocación terrenal en sí misma esté en conflicto con nuestra vocación celestial. Los griegos consideraban el trabajo manual como algo vergonzoso y lo asignaban a sus esclavos. Pero el cristianismo no reconoce ningún dualismo entre el espíritu y la materia, y no considera nada impuro en sí mismo. Una persona que no trabaja, que no tiene una ocupación, tampoco tiene una vocación, se convierte en un peso muerto para la sociedad y, por tanto, deshonra su condición humana.

Porque sólo en una ocupación podemos demostrar y desarrollar lo que vive dentro de nosotros. Sólo en una ocupación podemos manifestarnos, no sólo ante los demás, sino también ante nosotros mismos. Sólo así aprendemos a conocernos a nosotros mismos, nuestros puntos fuertes, nuestras capacidades, y así obtenemos conciencia del contenido de nuestra propia personalidad. Sólo así podemos llegar a ser una personalidad plena, plenamente humana. De lo contrario, no sólo nuestras facultades físicas, sino también las espirituales y morales, se asfixian y corroen en nuestro interior.

---

[4] Juan Calvino, Institutes of the Christian Religion, ed. John T. McNeill, trans. Ford Lewis Battles, 2 vols. (Filadelfia: Westminster, 1960), 3.10.6.

Sin embargo, debemos dedicar todos los esfuerzos a elegir aquella ocupación terrenal en la que el ejercicio de nuestra vocación celestial no se vea obstaculizado para nosotros, para nuestra individualidad y para nuestras facultades. Porque esta exigencia permanece, a saber, poner esta vida, su vocación y su trabajo, en relación con lo eterno, ver todo lo que es temporal y terrenal *sub specie aeternitatis*. De lo contrario, repitiendo a Calvino, los componentes de nuestra vida siempre carecerán de simetría.

Así, todo lo terrenal debe quedar supeditado al Reino de los Cielos. Debemos poseerlo todo como si no lo poseyéramos (parafraseado) (1 Cor. 7:30), de manera que estemos dispuestos a renunciar a cualquier cosa si entra en conflicto con la exigencia del Reino de Dios.

En otras palabras, todo puede ser nuestro dominio, de manera que lo poseemos y lo gobernamos para que funcione como instrumento de nuestra personalidad. Toda búsqueda de más de lo que podemos gobernar, más de lo que podemos hacer realmente nuestro dominio, es inmoral y entra en conflicto con el Reino de Dios y su justicia.

En cuanto lo terrenal nos posee y nos domina, ya sean bienes o afines, arte o ciencia, hay que repetir la exigencia que Jesús hizo al joven rico: "anda, vende lo que tienes, y dalo a los pobres, y tendrás tesoro en el cielo; y ven y sígueme." (Mt. 19,21). Porque todo lo terrenal nos ha sido dado para cultivar con él nuestra personalidad, para hacer de ella un instrumento del Reino de Dios.

En efecto, todo se reduce finalmente no a lo que realizamos con nuestro trabajo terrenal, ya que a menudo la obra que realizamos es rota en pedazos ante nuestros ojos por Dios mismo. Pero el rasgo esencial de toda nuestra labor que realizamos bajo el sol es lo que llegamos a ser a través de nuestro trabajo, lo que nuestra personalidad adquiere por medio de la conciencia, el espíritu, el poder, la riqueza y la plenitud de vivir. Eso es lo que permanece. Eso nunca se pierde. Eso no desaparece como tantas obras insignificantes de nuestras manos. Eso es lo que llevamos con nosotros fuera de este mundo al mundo futuro. Eso constituye las obras que nos siguen.

Somos, finalmente, la totalidad de lo que hemos querido, pensado, sentido y hecho. El beneficio que producimos para nosotros mismos de esta manera es un beneficio para el Reino de Dios. Incluso un vaso de agua fría dado a un discípulo de Jesús recibe una recompensa. Dios nos llama a trabajar de tal manera que, en medio de todo lo que hacemos, debemos visualizar la obra eterna que Dios desea realizar a través de las personas, sabiendo que no podemos ser dueños y señores de nosotros mismos y de la tierra de otra manera que no sea en sujeción a él. Y en esa conciencia, trabajando con todas nuestras fuerzas mientras sea de día, Dios nos llama a someter todo lo que es visible y temporal a nosotros mismos para luego consagrarlo junto con nosotros como un sacrificio perfecto a Dios -aunque nuestro espacio de trabajo sea siempre tan pequeño y nuestra ocupación tan insignificante- esto es trabajar verdadera y esencialmente por el Reino de Dios.

CAPÍTULO 3

EL REINO DE DIOS Y LA COMUNIDAD (FAMILIA, ESTADO, IGLESIA, CULTURA)

El Reino de Dios es el bien supremo no sólo para el individuo sino también para toda la humanidad. Es un proyecto comunitario que sólo puede realizarse mediante la unión de fuerzas. Es el bien más universal imaginable y, por lo tanto, también el destino y la meta de todas las esferas de vida que existen en una sociedad.

Son especialmente tres: el Estado, la Iglesia y la cultura. Cada uno de estos tres desarrolla la personalidad humana en un aspecto particular. El Estado regula las relaciones humanas mutuas; la iglesia norma su relación con Dios; y la cultura rige las relaciones con el cosmos o el mundo.

En lugar de ser una cuarta esfera vital adicional junto a éstas, el hogar o la familia son el fundamento y el modelo de estas otras tres esferas vitales. La familia posee un elemento religioso-moral en su piedad, un elemento jurídico en su autoridad parental y el afecto entre hermanos, y un elemento cultural en la crianza familiar. Las tres esferas de la vida están integradas en la familia de manera compleja, y cada una de ellas está conectada con la familia. Puesto que el Reino de Dios consiste en la totalidad de todos los bienes, aquí en la tierra se encuentra su imagen más pura y su representación más fiel en la familia doméstica.

El Reino de Dios es la casa del Padre. Las relaciones familiares también son aplicables allí. Dios nos pone en relación con él como hijos. Hemos nacido de él y por eso nos parecemos a él; sólo un hijo se parece al padre. Dios es Rey, pero al mismo tiempo Padre de su pueblo. Jesús llamó a los súbditos de este Rey los hijos del Reino (Mt. 8:12 y 13:38). Cristo es el mayor, el primogénito, entre muchos hermanos, y todos los que cumplen la voluntad del Padre son hermanos y madres de Jesús (Rom. 8:29; Mat. 12:50). Por eso la familia corresponderá a su diseño en la medida en que constituya un Reino de Dios en miniatura. Porque el Reino de Dios no existe por la familia, sino que, como todo lo demás, la familia existe por el Reino de Dios. El marido es la imagen y la gloria de Dios, cabeza y sacerdote de la familia, como Cristo es la cabeza de la Iglesia (1 Cor. 11:7; Ef. 5:23). Dios nos da hijos para que los formemos como hijos de Dios.

Las relaciones de la vida familiar tienen su reflejo y su norma en esa vida comunitaria de orden mucho más elevado, que se encuentra en el Reino de Dios. Si la exigencia del Reino de Dios entra ocasionalmente en conflicto con los deberes de la familia, de modo que ésta debe ceder (Mt. 10:37), como dice la Escritura "no hay nadie que haya dejado casa, o padres, o hermanos, o mujer, o hijos, por el Reino de Dios, que no haya de recibir mucho más en este tiempo, y en el siglo venidero la vida eterna." (Lc. 18:29).

En la familia todo es aún indiferenciado. Allí encontramos una vida natural que aún no ha transitado del todo a la vida libre, ética y personal, pero que sin embargo está destinada desde esa identidad inconsciente e involuntaria a desarrollarse en completa independencia y libertad.

El Estado, la Iglesia y la cultura constituyen las esferas de la vida que han alcanzado la independencia en cuanto a los elementos ya presentes en menor o mayor grado en la familia. Consideremos por un momento la relación de cada uno de estos tres con el Reino de Dios.

Primero, algo sobre la relación de la iglesia y el Reino de Dios.[1]

La vida religiosa alcanzó su verdadera esencia y su plena independencia por primera vez en el seno del cristianismo, independizándose de la vida civil y política a la que la religión siempre había estado estrechamente asociada entre los griegos y los romanos. Cristo hizo que la vida religiosa -la fe en él- fuera independiente de las cambiantes circunstancias terrenales. Así vemos que el cristianismo no estableció más que una Iglesia como una esfera única al lado del Estado y la cultura. Esto ocurrió porque la fe en Cristo es completamente independiente y desarrolla una vida única que difiere de manera específica de cualquier otro tipo de vida.

---

[1] Cf. Johannes H. A. Ebrard, Dogmatik, vol. 2 (Konigsberg: Unzer, 1862), 388; U. Hauber, "Kirche" en Real-Encyclopädie, 7:561; Carl Immanuel Nitzsch, System of Christian Doctrine, trans. Robert Montgomery y John Hennen (Edimburgo: T&T Clark, 1849), 361 y ss.; Rich Adelb Lipsius, Lehrbuch der evangelisch protestantischen Dogmatik, 2ª ed. (Brunswick: Schwetschke, 1879), 763 y ss.; y Albrecht Ritschl, Die christliche Lehre von der Rechtfertigung und Versöhnung, vol. 3, 4ª ed. (Bonn: A. Marcus, 1895), 270ss.

Ciertamente, el cristianismo es, en primer lugar, una religión, pero no sólo una religión. Es una vida totalmente nueva que puede penetrar y animar toda esfera y forma de vida. Por ello, el cristianismo no es coextensivo con la Iglesia. Es demasiado rico para dejarse encerrar dentro de sus muros. De hecho, no sería la verdadera religión si no influyera en la rica vida humana.

El Cristianismo no puede limitarse a la Iglesia como organización histórica considerada como una comunidad visible. Por eso hablamos de una sociedad cristiana, de una escuela cristiana. No hay nada humano que no pueda llamarse cristiano. Todo lo que, dentro y fuera de la Iglesia, está animado y gobernado por Cristo, que ejerce su soberanía sobre todas las cosas, constituye y pertenece al Reino de Dios. Para Roma, la Iglesia y el Reino de Dios son una sola cosa. Así, la iglesia de Roma considera impío y profano todo lo que no procede de ella y no está consagrado por ella.

Pero la Reforma reconoció las esferas de vida fuera de la Iglesia en su independencia. Ninguna iglesia protestante puede denigrar el territorio de la vida humana fuera de la Iglesia como impuro o profano. Por el contrario, debemos aceptar la distinción entre la Iglesia y el Reino de Dios. La Iglesia ya existe; el Reino de Dios se está llegando a ser. La Iglesia es una organización histórica y visible; el Reino de Dios es invisible y espiritual. La Iglesia fue establecida por primera vez por Cristo para ser un ámbito único para el cultivo de la vida cristiano-religiosa. El Reino de Dios existe desde el principio del mundo. El Reino de Dios ya estaba presente entre Israel. Progresa secretamente como la levadura y no constituye —a diferencia de la Iglesia— una comunidad separada frente al Estado y la cultura.

Lejos de perder nada de su importancia al aceptar esta distinción, la Iglesia, por el contrario, se revaloriza y cumple aún más su vocación cuando comprende que la propia Iglesia no es el Reino de Dios y no puede ser el Reino de Dios, sino que es el medio para preparar el Reino de Dios y asegurar su llegada.

Porque sin la organización histórica, el poder y la actividad de la Iglesia, el cristianismo no podría mantenerse, ni encontrar entrada, ni ser un poder en la historia, y se disolvería en una colección de nociones vagas y enrarecidas.

Ese es el significado de la Iglesia, pero su objetivo está en parte más allá de ella misma, en el Reino de Dios. La Iglesia no es en sí misma el Reino de Dios en su totalidad, sino el fundamento indispensable del Reino de Dios, el preeminente y mejor instrumento del Reino de Dios, la institución terrenal, el corazón, el núcleo, el centro vivo del Reino de Dios.

Con esa auto-comprensión, la Iglesia pretende consagrar al pueblo a Dios, no sólo en su vida religiosa, sino también, partiendo de esa fuente, en su vida natural, moral, cívica y política. El domingo no puede estar al lado de los otros días de la semana, sino que debe santificarlos y tratar de elevarlos a su más alto propósito. La iglesia es lo que debería ser cuando ella trabaja más allá de sí misma, y no está satisfecha cuando la gente es piadosa solamente los domingos en la iglesia. Sólo entonces la Iglesia -como conservadora y portadora del bien más noble de la humanidad, es decir, la verdad que es conforme a Diosse esforzará por poner ese bien en contacto con todos los demás bienes morales y, de este modo, adelantará el advenimiento de ese Reino de Dios, que, como unidad de todos los bienes, no destruye el bien de la Iglesia, sino que lo incorpora dentro de sí en su forma purificada.

Igual de notable es, en segundo lugar, la conexión que existe entre el Estado y el Reino de Dios. No importa cuántas veces el Estado malinterprete esa conexión o incluso la niegue por completo, eso no puede inducirnos a acallar la protesta de que el Estado, que ha sido instituido por Dios, no es un mal necesario sino un bien muy real. Después de la Iglesia, el Estado es, en efecto, el mayor y más rico bien de la tierra. Sólo a través del Estado se hace posible esa vida comunitaria que se exige a los seres humanos, en la que la persona, por primera vez, puede desarrollar su plena personalidad.

La familia, la Iglesia, la cultura, todas las diversas esferas de la rica vida humana no deben su origen y existencia al Estado -poseen una "soberanía de esfera"-, pero no obstante deben al Estado la posibilidad de su desarrollo. El Estado garantiza el pleno desarrollo de la personalidad humana. Sin embargo, el Estado no es el bien supremo, sino que encuentra su finalidad y objetivo en el Reino de los Cielos. Quien no entienda esto, acabará negando a la Iglesia su vocación más noble y, en cambio, valorará al propio Estado, visto como creador de cultura y cuidador de la libertad y la igualdad, como la realización inicial del Reino de Dios. Y negando toda conexión del Estado con lo eterno, la gente considera el Estado como el bien supremo y el fin más elevado de la humanidad, como aquello por lo que solo vale la pena vivir.

Esta glorificación del Estado destruye la libertad y la independencia de la personalidad humana. El Estado solo desarrolla una dimensión de la personalidad humana, a saber, la justicia. El Estado no es, al contrario que Rothe,[2] la comunidad moral, sino simplemente una forma particular de comunidad moral. Consiste en la moralidad meramente en forma de justicia. Lo puramente ético queda fuera de su ámbito. Por lo tanto, debe reconocer y mantener las diversas esferas de la vida de la familia, la Iglesia y la cultura, etc., en su independencia.

Además, el Estado es siempre nacional y particular, un Einzelstaat, o Estado individualizado. Por tanto, no puede ser el bien supremo, es decir, universal. Pero el Reino de Dios es uno y el mismo sobre toda la tierra. No conoce fronteras de tierra ni de nacionalidad. Cada Estado y cada nación tienen su propósito y su razón de ser en función de ese Reino. El Reino no llama al Estado a renunciar a su especial vocación nacional. Al contrario, al igual que el individuo no debe buscar el Reino de Dios fuera de su vocación terrenal, sino en ella, el Reino de Dios no exige que el Estado renuncie a su vocación terrenal, a su propia nacionalidad, sino que exige precisamente que el Estado permita que el Reino de Dios afecte y penetre en su pueblo y en su nación. Sólo así puede nacer el Reino de Dios. Porque este Reino no es una labor de estas o aquellas personas, ni siquiera de una nación y de un Estado, sino de todos los pueblos y todos los Estados. Es la tarea total (Gesammtaufgabe) del género humano.

Al igual que vimos con el individuo, también cada

---

[2] Richard Rothe, Theologische Ethik, vol. 2 (Wittenberg: Zimmermann, 1867), § 422-48.

nación y cada Estado hace su propia contribución a esa tarea y añade su propio valor, de buena o mala gana, consciente o inconscientemente. Así, el Reino de Dios no vicia el Estado individual (Einzelstaat), la nacionalidad y la vocación particular de un pueblo, sino que los purifica e incorpora a cada Estado y nación individual como instrumento particular en la cooperación del conjunto.

Cuando entiende su propósito de esta manera, el Estado mantiene su verdadera naturaleza y trabaja para su propia perfección. Sin duda, el Estado no puede establecer el Reino de Dios. El Estado no es redentor. Tampoco puede intentar fomentar la vida libre, moral y espiritual. El Estado funciona en términos de la ley. Pero al tener esa ley en alta estima, al cultivar el respeto y la reverencia por la ley, al sostener su majestuosidad, al inculcar el respeto por el orden moral del mundo como el orden moral incondicionalmente válido, el Estado puede convertirse en un tutor de Cristo. En este sentido, el Estado puede tener, y de hecho tiene, la vocación de trabajar por el Reino de Dios. Al proporcionar espacio para que las diversas esferas de la vida realicen su trabajo, y al garantizar para cada uno de sus súbditos el desarrollo de esta vida plena y variada de la personalidad, el Estado cumple con su propia naturaleza y trabaja para ese Reino, que en sí mismo es también un Estado en el que Dios mismo es el Señor y el Rey-Soberano absoluto.

En tercer lugar, nos queda por discutir la conexión entre la cultura y el Reino de Dios.

Al igual que el Estado, también la cultura: antes de la Reforma ambos existían al servicio de la Iglesia. La Reforma devolvió a la cultura su libertad e independencia.

El derecho de la cultura se expresa en el mandato: "Y los bendijo Dios, y les dijo: Fructificad y multiplicaos; llenad la tierra, y sojuzgadla, y señoread en los peces del mar, en las aves de los cielos, y en todas las bestias que se mueven sobre la tierra." (Gn. 1:28; cf. Gn. 9:1-3). La cultura existe porque Dios nos otorgó el poder de ejercer el dominio sobre la tierra. Es la vocación común del género humano hacer suyo el mundo y configurarlo como propiedad e instrumento de la personalidad. A la humanidad se le dio el poder de transformar todo el tesoro de formas de vida creadas, tanto espirituales como morales, así como naturales, en un organismo puro y de gobernar sobre él. Esto ocurre de dos maneras: la ciencia y el arte.

Para gobernar la naturaleza en el sentido más amplio, hay que conocer su esencia, su funcionamiento, sus vías y sus leyes. También en este caso es válido el dicho de que sólo la verdad nos hace libres. Al gobernar la naturaleza, toda forma de arbitrariedad es inmoral e irracional. Como escribió Francis Bacon, *Naturae non imperatur, nisi parendo* (no podemos mandar a la naturaleza sino obedeciéndola). La ciencia incorpora la naturaleza en el entendimiento, arroja su imagen en nuestra alma, y la reproduce a través de nosotros en el pensamiento y en la palabra.

Pero el conocimiento es poder. Saber es poder. En el sentido más universal, el arte hace que la naturaleza, como instrumento de nuestra voluntad, esté al servicio de un propósito superior y la transforma a través de nosotros en una obra de arte, en un organismo artístico completo.

Por tercera vez en la historia del mundo, la cultura se ha convertido en una potencia. Primero fue la cultura hamita de Asiria, Babilonia y Fenicia. Luego siguió la cultura jafetana de Grecia y Roma, cuya cultura sigue siendo la base de la nuestra y en filosofía, arte y jurisprudencia sigue marcando la pauta de la nuestra. Hoy en día, la cultura moderna se emancipa cada vez más del cristianismo, denigrando a la Iglesia a la condición de criada y esclava. En esa medida, la cultura moderna también se enfrenta al juicio que recayó sobre las culturas camita y jafetana: la destrucción mediante el libertinaje y la sensualidad, el culto al genio y la deificación de lo material, de los que Babilonia y Roma son los símbolos permanentes en las Escrituras.

De estas consideraciones se desprende que la cultura sólo puede encontrar su finalidad y su razón de ser en el Reino de Dios. El señor de la tierra no es más que el Hijo de Dios. Idolatrar la materia y servir a la carne es el destino de todos los que no reconocen ningún amo por encima de sí mismos. Porque entonces la naturaleza es demasiado poderosa para nosotros, y nos obliga a inclinarnos ante sus tremendas fuerzas. Pero cuando por la mano de Dios nos elevamos por encima de la materia, entonces somos más poderosos que la materia, entonces desarrollamos la materia con nuestra propia mano y la formamos en un instrumento de la personalidad. Entonces la cultura es un bien profundamente esencial, digno no de nuestra denigración sino de nuestro asombro.

El culto y la cultura deben ser entonces hermanos, independientes sin duda, pero aún así hermanos, unidos entre sí por el amor. Y aunque Marta, que representa la cultura que se ocupa de muchas cosas, pueda diferir de María, que representa el culto que ha elegido la mejor porción, sin embargo la verdad es que Jesús las amó a ambas.

El ideal es que las oposiciones que aparecen en todas partes —con el individuo, la familia, el Estado, la Iglesia, la cultura, etc., y por las que cada una de ellas interfiere repetidamente con las demás—, que todas esas oposiciones desaparezcan gradualmente y encuentren su resolución en la unidad del Reino de Dios.

En la medida en que cada una de estas diversas esferas de la vida responde cada vez más a su idea esencial, pierde su nitidez y su aislamiento de las demás y prepara aún más la llegada del Reino de Dios. Pues ese Reino, al ser el bien supremo, no destruye nada, sino que lo consagra todo. Incluye todo bien, un Reino en el que todo el bien moral que ahora está difundido en diversas esferas y que nace en cada una de ellas según su naturaleza y en su forma apropiada, se incorpora como purificado y perfeccionado. Es un Reino en el que la personalidad humana obtiene su más rica y multiforme manifestación, una vida comunitaria del más alto orden en la que todas las oposiciones se reconcilian y el individuo y la comunidad, el Estado y la Iglesia, el culto y la cultura se integran en perfecta armonía. Es un Reino en el que lo verdadero, lo bueno y lo bello están perfectamente realizados y se han convertido en uno. En este Reino de Dios, la soberanía plena es entregada al Mesías, una soberanía que había descendido de él en las distintas esferas de la vida y que vuelve completamente de nuevo a Dios, que será todo en todos.

Así que, a pesar de tantas cosas que parecen contradecirlo, no me prives de la idea de que este Reino de Dios es el contenido esencial, el núcleo y el propósito de toda la historia del mundo. Que mi fe y mi esperanza no se desvanezcan al reconocer que la descripción histórica resumida inicialmente por los profetas de Israel y expuesta tan profunda y gloriosamente por Pablo en su carta a los romanos aparecerá finalmente como el verdadero retrato, es decir, que la historia de las naciones y de sus Estados encuentra su idea y explicación principal en el Reino de los Cielos.

CAPÍTULO 4

LA CULMINACIÓN DEL REINO DE DIOS

Podría parecer que hasta aquí he perdido de vista la tremenda oposición entre el Reino de Dios y el del mundo. Podría parecer que albergaba la ingenua idea de que por medio de la misión y la evangelización, por medio de la filantropía cristiana y la política antirrevolucionaria, esa oposición desaparecería gradualmente y el mundo sería ganado poco a poco para el Reino de Dios. Pero esa noción está lejos de mí. Si no es la palabra profética de las Escrituras, entonces una mirada a mi alrededor sería capaz de quitarme todas esas ilusiones. Aunque Dios desea extender su Reino en la tierra a través de los hombres, aunque nuestro trabajo por ese Reino sigue siendo nuestra vocación y nuestro deber más preciados, aunque entre nuestra actividad y la llegada del Reino de Dios existe ciertamente y sin lugar a dudas una estrecha relación, el Reino de Dios no es puramente un producto de nuestra actividad moral. Así como fue establecido desde más allá del mundo, y se desarrolla y expande por medio de poderes sobrenaturales, también la realización del Reino de

Dios es un acto sobrenatural que ocurre por medio de una intervención cataclísmica divina.[1]

La historia terrenal no termina con la llegada del Reino de Dios, sino que se que es interrumpida. Si la historia no es un proceso de la naturaleza, sino una historia auténtica y una acción real, una serie conectada de actos, entonces la lucha que dicha historia nos muestra debe llegar también a un clímax en el que el Reino de Cristo y el de Satanás se enfrentan de forma tan aguda, como Cristo y el Anticristo luchan por la victoria final y decisiva. Los buenos son cada vez mejores, pero los malos son cada vez peores. La consumación del Reino de Dios no puede ocurrir de otra manera que después de la manifestación absoluta del malvado, es decir, del Anticristo. Sin embargo, esa intervención cataclísmica divina no se producirá sin preparación y mediación (Vermittelung). Como en todo lo que hace Dios, esto ocupa el primer plano cuando el tiempo está "lleno". El Reino de Dios no puede completarse antes de que esté presente todo el material con el que se construirá el Reino de Dios. Primero deben existir todos los bienes morales, deben reunirse todos los elegidos.[2]

La culminación del Reino de Dios o del reino de Satanás se produce parcialmente para cada individuo inmediatamente después de la muerte. Esta vida es, en virtud de una conexión indestructible, decisiva para la vida venidera. Sin embargo, la situación que se produce para cada persona en el momento de la muerte no sólo es inmuta-

---

[1] Cf. Kling, "Eschatologie", en Real-Encyclopädie, 4:154-57, M. Ebrard, "Offenbarung Johannes", en Real-Encyclopädie, 10:574-90, y Lange, "Wiederkunft Christi", en Real-Encyclopädie, 18:126-32.

[2] Rothe, Theologische Ethik, vol. 2, § 449-58, 559-601.

blemente decisiva, sino también preliminar. El destino del individuo sólo se determina definitivamente en conexión con el destino del conjunto, sólo al final de la historia en el juicio universal. Antes de eso, aquí en la tierra y más allá de esta arena continúa la contienda entre el reino de Dios y el reino de Satanás, entre la vida y la muerte, la luz y las tinieblas, el espíritu y la carne, Cristo y el Anticristo.

Ese conflicto continúa a lo largo de toda la historia, desde el momento en que se estableció la enemistad entre ambos. El Reino de Dios y el reino del mundo se desarrollan a la par y en contraposición, pero este último para ser destruido una y otra vez, pero también una y otra vez para ser restaurado. La historia es una secuencia de reinos mundiales fracasados, de reinos erigidos al margen de Dios y en oposición a él, apoyados y construidos por el poder humano. La Torre de Babel fue el primer intento fallido de construir tal reino mundial. Pero una y otra vez se intentó, en los reinos de Faraón y Nabucodonosor, de Jerjes y Alejandro, de los emperadores romanos, hasta el reino del mismo Napoleón. Babel y Roma llevaron tal reino mundial a la cúspide del desarrollo y, por lo tanto, también a su más profunda caída, y ambos han quedado como símbolos y tipos fijos en la iglesia cristiana del reino del mundo.[3]

Los profetas, videntes y vigilantes israelitas en los muros de Sión vieron los signos de los tiempos y los explicaron a la luz del Reino de Dios. Su nación era pequeña, su influencia nacional era escasa, pero la luz de ese reino les proporcionaba una visión que abarcaba el mundo

---

[3] Chantepie de la Saussaye, *De Toekomst: Vier eschatologische voorlezin- gen* (Rotterdam: Wyt, 1868).

y los siglos y que se extendía más allá de cualquier visión obtenida por los más grandes sabios. A esa misma luz del Reino de los cielos, es decir, a la luz de su profecía, hay que seguir viendo la historia, resolver sus enigmas, comprender y explicar sus signos.

La Escritura es el Libro del Reino de Dios, no un libro para este o aquel pueblo, para el individuo solamente, sino para todas las naciones, para toda la humanidad. No es un libro para una época, sino para todos los tiempos. Es un libro del Reino. Del mismo modo que el Reino de Dios no se desarrolla al lado y por encima de la historia, sino en y a través de la historia del mundo, la Escritura no debe abstraerse, ni considerarse por sí misma, ni aislarse de todo. Por el contrario, la Escritura debe ponerse en relación con toda nuestra vida, con la vida de todo el género humano. Y la Escritura debe emplearse para explicar toda la vida humana.

El retrato y la explicación de estos reinos mundiales a la luz del Reino de Dios alcanzan su punto culminante, en el Antiguo Testamento, en la profecía de Daniel. Allí, el reino mundial se retrata con la imagen de una estatua de metal que se levanta sobre pies de arcilla y que ha sido reducida a polvo por una piedra tallada, simbolizando el Reino de Dios que existirá hasta la eternidad (Dan. 2). En otra parte, en el capítulo séptimo, ese reino mundial se nos representa como una bestia de las profundidades que fue muerta y destruida y entregada para ser quemada con fuego. Por el contrario, el poder y el dominio y el honor y el reino fueron dados hasta la eternidad al Hijo del Hombre que apareció en las nubes del cielo. Esta profecía continuó en el Nuevo Testamento y está estrechamente relacionada con el cuadro del libro de Apocalipsis de Juan.

En el Nuevo Testamento, la expectativa universal es que los príncipes y las naciones de la tierra volverán a levantarse contra el Señor y contra su Ungido. Tiempos aterradores preceden a la llegada del Reino de Dios. Todo lo humano —el Estado, la Iglesia y la cultura— se ofrecerá una vez más como instrumento de Satanás.

Sobre esta base, este príncipe del mundo constituirá, por así decirlo, un sustituto de los tres oficios de Cristo. Se fabrica un instrumento, a saber, el Estado, el reino mundial presentado por Juan con la imagen de la bestia que surge del mar, el vibrante mundo de las naciones, que es el oficio de rey de Satanás (Apocalipsis 13:1-10). Se fabrica un instrumento en la Iglesia, la iglesia apóstata, representada como Babilonia, la gran ramera sentada sobre la bestia escarlata que sale del abismo (Apocalipsis 17); ese es el oficio sacerdotal de Satanás. Por último, convierte la falsa cultura en un instrumento de su actividad, la bestia que se levanta de la tierra y el poder del reino mundial establecido por medio de falsos argumentos y grandes señales (Ap. 13:11 ss.) y que lleva a los espíritus por el mal camino: ése es el oficio profético de Satanás.

El reino mundial llega a concentrarse, y encuentra su máxima manifestación, en el Anticristo, el hombre de pecado, en el que la humanidad se ha vuelto diabólica, que se hunde en la bestialidad y, apoyado por la falsa iglesia y la falsa cultura, se coloca en el templo de Dios, presentándose como si fuera Dios (2 Tes. 2).

Pero en la cúspide de su poder, el reino mundial también habrá alcanzado el punto final de su desarrollo.

En primer lugar, Babilonia, la gran ciudad, cae (Apocalipsis 14:8, 17:18). Privados del apoyo de la falsa iglesia, el reino mundial y el falso profeta ya no pueden sobrevivir. Ambos son apresados y arrojados vivos al lago de fuego (Ap. 19:20). Privado de sus instrumentos humanos y no pudiendo ya obrar a través de las personas sobre las personas, Satanás mismo es apresado y atado por mil años. En ese momento ha llegado el momento del llamado reino de los mil años.

En la época de los primeros cristianos la creencia chiliasta era universal, o al menos estaba muy extendida. Sin embargo, más que con la oposición de Orígenes en Oriente, la oposición de Agustín en Occidente provocó la caída del chiliasmo[4] cuando cambió el lugar que la Iglesia ocupaba en el mundo. En lugar de ser perseguida, la Iglesia pasó a dominar la sociedad. Una vez que los cristianos se contentaron con ellos mismos y estuvieron satisfechos con la época en la que vivían, pensaron que el Reino de Dios se había realizado prácticamente entre ellos. El chiliasmo se retiró a las sectas que, por ser perseguidas, siguieron fijando su esperanza en el futuro.

Los reformadores y los reformados posteriores estaban particularmente menos inclinados hacia este error chiliasta (error Chiliastarum). Pero esto podría invertirse. La creencia en un reino de mil años es sostenida hoy por no pocos como prueba de ortodoxia incontestable. En cualquier caso, de todos los loci de la dogmática cristiana, la Escatología es uno de los que ha recibido menos consideración y desarrollo. Con frecuencia, en este ámbito hay

---

[4] Nota del traductor: Chiliasmo o Quiliasmo es la doctrina según la cual Cristo volverá para reinar sobre la Tierra durante mil años.

que dar una respuesta de *non liquet* (la Escritura no dice) en lugar de una respuesta decisiva.

Independientemente de lo que uno crea sobre la naturaleza, la duración y el momento de dicho reino, el chiliasmo contiene un elemento profundamente verdadero.[5] Porque con el chiliasmo, la fe cristiana expresa la certeza y el conocimiento indudable de su veracidad y su triunfo final. En él, la fe cristiana celebra su apoteosis y desarrolla su propia filosofía de la historia. En el siglo I y aún hoy, el chiliasmo fue y es la primera concesión de que el Reino de Dios no llegaría de forma abrupta, no simplemente acompañado de una intervención cataclísmica divina, sino también en parte a través y después de una preparación terrenal. Constituye una transición entre el "aquí" (Diesseits) y el "más allá" (Jenseits). Ireneo expresó la atractiva idea de que en el reino de los mil años los creyentes, mediante el encuentro personal con Cristo, estarían preparados para contemplar a Dios.

El chiliasmo expresa la sana expectativa de que el cristianismo vuelva a manifestar toda su bendición y la bondad de su vida, en los ámbitos espiritual, moral y natural. El poder social y el significado del cristianismo deben aparecer una vez más a los ojos de todas las naciones. Después de la victoria preliminar de los poderes anticristianos dentro de la Iglesia, el Estado y la cultura, vendrá un tiempo de justicia y paz. La naturaleza será inicialmente glorificada, comprendida y gobernada. La paz habitará incluso en el mundo animal (Isa. 11:6-9). En la tierra será una situación paradisíaca, la última preparación,

---

[5] Isaak August Dorner, *Geschichte der Lehre von der Person Christi*, 2 vols. (Stuttgart : Liesching, 1845), 1:232-46.

la cosecha más rica para el Reino de Dios, la gran cosecha de entre los judíos y los paganos. Entonces el cristianismo comprenderá su misión mundial y cumplirá su llamado a purificar el estado de todo poder impío y anti Dios, a limpiar la iglesia de toda prostitución con el mundo, a purificar la cultura de toda vanidad y falsa profecía.

Pero esto aún no es el final. Hay que librar una última contienda crítica. Los poderes anticristianos están ciertamente frenados pero no sometidos. Satanás será desatado. Y en ese momento se podrá plantear claramente la cuestión: ¿esta tierra será de Dios o de Satanás? A favor o en contra del reino de Dios será entonces el grito de guerra aceptado y aclamado con conciencia y voluntad por todos.

Mientras que en el momento actual el Reino de Dios y el reino de Satanás siguen coexistiendo, los límites de ambos no pueden ser distinguidos con precisión por nuestros ojos. Pero en ese momento, ambos se manifestarán en su verdadera forma ante los ojos de todos. Toda pretensión caerá entonces, toda excusa será entonces vana. Y cuando el Reino de Dios se dé a conocer en toda su gloria, en su genuina esencia, como el más alto bien, entonces el reino de Satanás también mostrará su verdadera y desnuda forma como el más alto mal. En ese momento comenzará la batalla en revolución consciente, en enemistad pública contra el Reino de Dios. Esa lucha final será feroz pero breve, indeciblemente intensa y decisiva para la eternidad.

Entonces vi, escribe Juan, un cielo nuevo y una tierra nueva. Y oí una fuerte voz del cielo que decía: he aquí que el tabernáculo de Dios está con los hombres, y él habitará con ellos y ellos serán su pueblo. Entonces el reino de Dios estará completo, se habrá alcanzado el destino de la historia. Todas las cosas se renovarán, todas las oposiciones se reconciliarán. Comenzará un nuevo desarrollo, que ya no estará limitado por el pecado, sino que progresará de virtud en virtud y de fuerza en fuerza. Allí nos espera un trabajo nuevo y eterno con el que llenaremos la eternidad, pero que realizaremos sin perturbación y sin agotamiento; porque el organismo de cada uno estará completamente al servicio de la personalidad de cada uno. No habrá noche, no habrá tiempo. Incluso las distancias desaparecerán allí ante el dominio de los espíritus. El Reino de Dios será exaltado por encima de las limitaciones del tiempo y del espacio y llenará completamente el tiempo y el espacio. El Reino de Dios incluirá todo lo que hay en el cielo y en la tierra. Por la sangre de la cruz, Cristo ha reconciliado todas las cosas consigo mismo y, por tanto, entre sí (Col. 1:20). Bajo él, como cabeza, todo será reunido en uno y recapitulado en él (Ef. 1:10). Dios mismo se deleitará en la obra realizada por sus manos, y cuando la contemplemos, brotará de nuestros labios el cántico: toda casa es construida por alguien, pero el constructor de todas las cosas es Dios. Dios mismo es su Diseñador y Constructor (Heb. 3:4; 11:10).

Acerca del Cántaro Institute
Heredando, Informando, Inspirando

El Cántaro Institute es una organización cristiana evangélica confesional establecida en el año 2020, la cual busca recuperar las riquezas del protestantismo español para la renovación y edificación de la Iglesia contemporánea y promover la filosofía cristiana de la vida para la reforma religiosa del Occidente y el mundo Iberoamericano.

Creemos que a medida que la Iglesia cristiana regresa a la fuente de las Escrituras como su última autoridad para todo conocimiento y vida, y sabiamente aplica la verdad de Dios a cada aspecto de la vida, fiel en espíritu a los reformadores, su actividad misiológica resultará no solo en la renovación de la persona humana, sino también en la reforma de la cultura, un resultado inevitable cuando la verdadera amplitud y naturaleza del evangelio es expuesta y aplicada.

Síguenos en redes sociales
como **@cantaroinstitute**

También puedes visitanos en:
www.cantaroinstitute.org/es

www.ingramcontent.com/pod-product-compliance
Lightning Source LLC
Chambersburg PA
CBHW051843160426
43209CB00006B/1138